中公新書 2581

大東和重著

台湾の歴史と文化

六つの時代が織りなす「美麗島」

中央公論新社刊

はじめに

すぐ近くの海外、台湾

日本のすぐ南西に位置する、台湾。東京や大阪から飛行機でわずか二、三時間の距離で、もっとも気軽に行ける海外の旅先の一つである。往来は年々増え、二〇一八年、日本からは二百万人が訪れ、台湾からは倍以上の五百万人近くが来日した。この本を手にとられた方の多くも、旅行や出張の経験があるのではないだろうか。

台湾に行ったことのある人もない人も、ある種のイメージはあるだろう。バナナやマンゴー、パパイヤなどのフルーツが美味《おい》しい、亜熱帯の島国。美食の土地として知られ、台湾料理はもちろん中国各地の中華料理や、特色ある屋台料理の店が、街中のいたるところにある。一方、のどかな南国のイメージとは異なり、対岸の中国との、政治・軍事的な緊張関係を思い浮かべる人もあるだろう。中華人民共和国の前の政権、中華民国は、現在も台湾で生き長らえている。正式な年号は今でも、「民国〇〇年」である（二〇二〇年は民国百九年）。

旅行や滞在の経験があれば、台湾ではフレンドリーで親切な人にしばしば出会う、と感じたかもしれない。戦前は日本の植民地だったが、いわゆる「親日」的な土地柄とされており、短期の滞在はその印象を強めることが多い。日本の統治は五十年間つづき、台湾の人々は被支配者の苦しみを骨身にしみて嘗《な》めた。とはいえ、戦前に教育を受けた高齢者は、日本語を用いて笑顔で話しかけてくれる。日本語学習者の人口が多く、英語の次に人気のある外国語は間違いなく日本語で、片言でも話す人は数知れない。日本の文化は圧倒的な存在感があり、マンガやアニメ、ドラマや映画、音楽について、台湾人と語り合った経験を持つ人もいることだろう。

台湾に関する知識

しかし残念ながら、台湾に関する知識は、日本ではさほど共有されていない。歴史上の人物を挙げてください、と質問されて、すらすらと名前の浮かぶ人はまれだろう。

中学はもちろん高校の歴史の教科書でも、台湾に関する記述はごくわずかである。世界史では、十七世紀、台湾に拠点を築いたオランダの勢力を、鄭成功《ていせいこう》が駆逐して、清朝《しんちょう》に対抗する拠点とした、といった言及があるのみ。日本史では、一八七四（明治七）年の「台湾出兵」に始まり、一八九四年に始まる日清戦争の結果、日本に割譲《かつじょう》されて植民地となり、「台湾総督府」が置かれて、五十年間日本の支配を受けた、という程度の記述が見られる。台湾史を彩る人名として登場するのは、鄭成功や、台湾総督だった児玉源太郎《こだまげんたろう》、中華民国総統の蔣介石《しょうかいせき》などだが、いずれも台湾で生まれ育った人ではなく、台湾に生を享《う》けた人物は、李《り》登輝《とうき》くらいしか出てこない。台湾に関する知識は、何らかのきっかけで関心を持った人が、個人的に書籍やネットなどを通して獲得するのが現状である。

実は筆者もそうだった。初めて台湾の土を踏んだのは、一九九九（平成十一）年九月、大学の教員として赴任したときのことで、当時、恥ずかしながら知識は皆無に近かった。しかし、毎日学生たちと接し、街を歩き、本を読む中で、徐々に関心を抱くようになり、ここがどういう土地なのか、少しずつ理解していった。

その結果として、日本の九州ほどの大きさの島に、関西二府四県の人口を少し上回る、二千三百万の人々が住む台湾には、汲《く》めども尽きせぬ泉のような魅力があることに気づいた。足を踏み入れてから二十年が経過した。しかし今でも、美しくも複雑な歴史と文化をそなえたこの土地を、十分に理解したとはいいがたい。

本書のねらい

台湾には、どのような歴史があり、どのような人々がいて、どのような文化の花が開いてきたのか。台湾の歴史を知るのに便利な一冊としては、伊藤潔《いとうきよし》『台湾——四百年の歴史と展望』（中公新書、一九九三年）がある。筆者も住みはじめてすぐに読み、台湾独自の歴史を描こうとする情熱に感銘を受けた。台湾人が書いた手に入りやすい歴史書には、周婉窈《しゅうえんよう》『図説 台湾の歴史』（増補版、濱島敦俊ほか訳、平凡社、二〇一三年）がある。文化については、古くはなったが『暮らしがわかるアジア読本 台湾』（笠原政治・植野弘子編著、河出書房新社、一九九五年）や『もっと知りたい台湾』（第二版、若林正丈編著、弘文堂、一九九八年）があり、社会や文化を概観する際に今なお有用である。

本書は『台湾の歴史と文化』と題しているが、筆者は歴史の専門家ではなく、オーソドックスな歴史を知るには、最初に挙げた二冊を読んでいただくのがいい。文化についても、台湾の多様な文化の、多岐にわたるジャンルを、多角的に切り取る知識や能力は筆者にはない。文学や映画などについての書籍や紹介は、少なからず出ている。

台湾の歴史や文化の全体を描くのは、日本のそれを描くのと同じく難しい。ならば、筆者なりの限定された視角ではあるが、台湾に何らかのきっかけがあって関心を抱き、さらに接近したいと思っている方々へ、本書という伝声管を通して、台湾に住む、あるいはかつて住んだ人々の声を届け、いくつかの理解の入口を提供してみるのはどうか、と考えた。

台湾の歴史は長くない。決して広い土地でもない。しかし複雑な歴史ゆえに、民族や言語も驚くほど複雑である。この美しい島に住む人々は、どのような声を上げてきたのか。その声はどのような文化にもとづいているのか。その声が響くような本を書いてみたい。

三つの視角

本書を書く上で、三つの視角を組み込んだ。

一つは、日本人が書く以上、「日本人が見た、日本語を通した台湾」という視点から、台湾を描くことである。台湾人の声を聞きとるといっても、日本で生まれ育った筆者の耳を通して、という限界がある。いくら台湾に友人を持っていても、私の見る台湾は、しょせんは外部からの、通り過ぎる人間のものである。それならいっそのこと、日本人が見た台湾、日本語を通して聞こえてくる台湾の声を、主題にしてはどうか、と考えた。日本統治期を中心に、日本は台湾と切り離せない関係を結んだ。この関わりを通して、台湾を描こうとする本書の登場人物には、台湾で暮らした日本人が多く含まれる。

二つ目は、首都台北《タイペイ》から台湾を眺めるのではなく、「地方から見た台湾」という視点を持つことである。筆者が一九九九年から二年間滞在したのは、南部の古都、台南《たいなん》だった。赴任当初は文化芸術活動の少ない地方都市に対し、不満を覚えることがあった。しかし住みつづけるうちに、台南という街が台湾の歴史において果たした役割を知り、伝統的な生活が色濃く残る街の空気に惹《ひ》き込まれていった。十九世紀末以降の台湾の歴史は台北を中心に展開したが、北部から見る台湾は、どうしても「近代化」の側面を強調してしまう。本書では、台南をはじめ、伝統的な、地域性の豊かな台湾にも注意を払いたい。

三つ目は、台湾人や日本人をはじめ、台湾と関わる人々の、「声に耳を澄ます」という点である。もちろん筆者にも、意識するにせよしないにせよ、偏見や偏愛がある。台湾の歴史や文化を紹介する際に、筆者の注目する人物や事項は、必ずしも公平ではない。しかし本書に登場する人物、特に日本人が、目の前の、あるいは過去の人の声に対し、熱心かつ慎重に耳を傾けようとした人々だという点には注意を払った。彼らは難しい時代の中で、台湾の人々を尊重し、その声に耳を澄まそうとした。筆者もそれにできるだけならおうと努めた。

台湾に何らかの興味を持たれた方に、台湾の土地と人々の間により深く分け入るための、道標《みちしるべ》となるような本を書いてみたい。その思いで本書は書かれている。個々の章で関心を抱かれた項目については、巻末に読書案内を記したので、さらなる読書をお勧めしたい。本書が台湾を訪れる日本人にとって、目の前の人々の向こうにどのような歴史と文化が広がっているのか、理解を深める助けとなるような、そんな一冊となっていれば幸いである。

台湾の歴史と文化　目次

凡例

人名・地名等の固有名詞にルビを振る場合は日本語の音読みを用いたが、慣用的な読みが通用している場合はそちらを優先した（例：広東省《カントンしょう》、高雄《たかお》）。また引用文の漢字・仮名遣いについて、旧字体は新字体へ、歴史的仮名遣いは現代仮名遣いへと改めた。ルビは適宜省略するとともに、原典にルビのない難読字にはルビを振った。

〔 〕は引用者による注である。

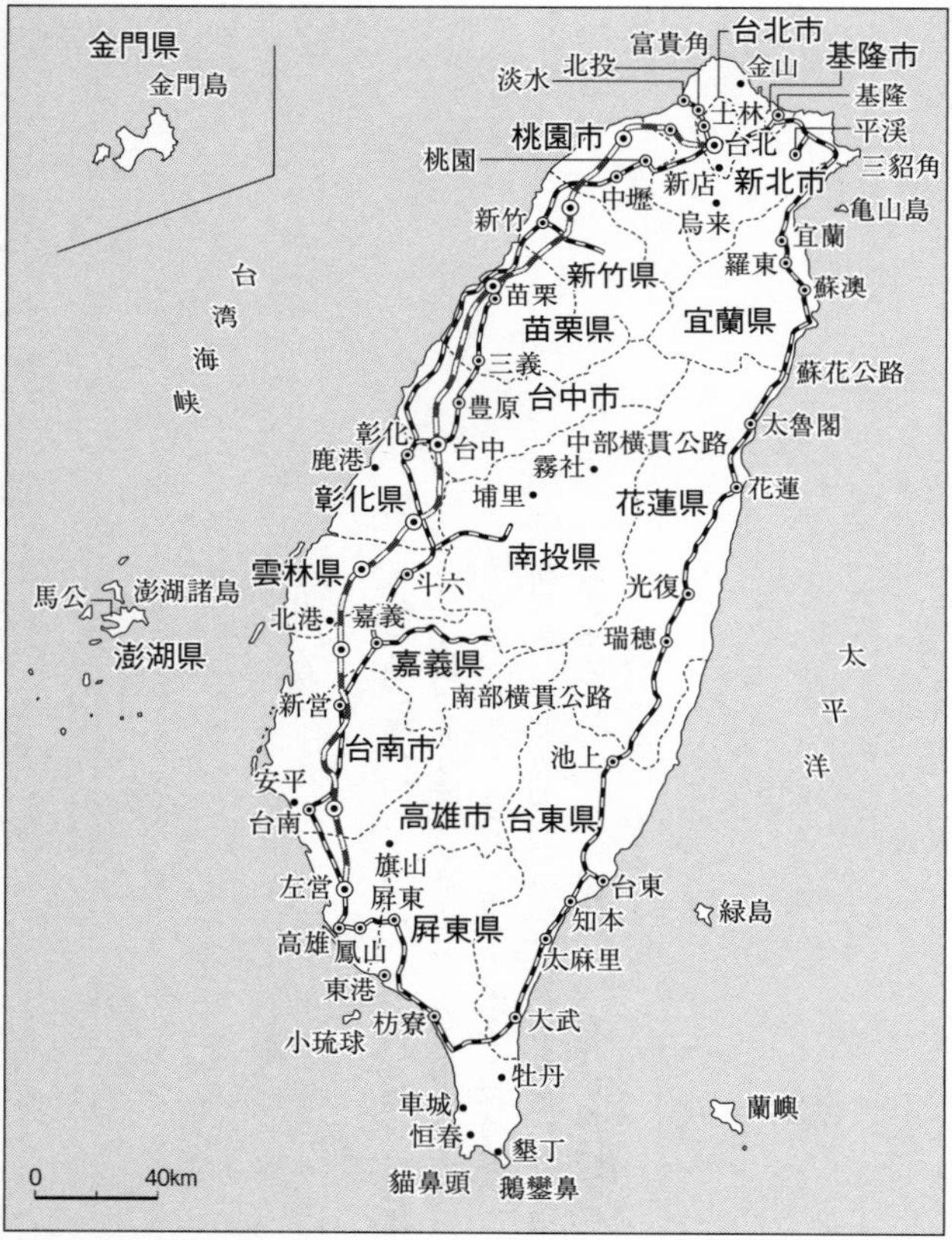
金門県
金門島
台湾海峡
馬公
澎湖諸島
澎湖県
台北市
富貴角
金山
基隆市
淡水
北投
基隆
士林
平渓
桃園市
台北
桃園
三貂角
新店
新北市
中壢
亀山島
烏来
新竹
宜蘭
羅東
新竹県
苗栗
蘇澳
苗栗県
宜蘭県
三義
蘇花公路
台中市
豊原
太魯閣
彰化
台中
中部横貫公路
鹿港
霧社
花蓮
彰化県
埔里
花蓮県
南投県
雲林県
斗六
光復
北港
嘉義
瑞穂
嘉義県
太平洋
南部横貫公路
新営
台南市
池上
安平
台南
高雄市
台東県
旗山
左営
屏東
台東
緑島
知本
高雄
鳳山
屏東県
太麻里
東港
枋寮
大武
小琉球
牡丹
車城
蘭嶼
恒春
墾丁
貓鼻頭
鵝鑾鼻
0
40km

台湾全体地図

第一章　離島と山岳地帯——台湾の先住民族

台湾の離島・蘭嶼

一九三五（昭和十）年夏、ある若い民族学者が、台湾東部沖の離島に上陸した。当時台南《たいなん》の高等女学校で歴史の教師をしていた、國分直一《こくぶなおいち》（一九〇八－二〇〇五年）である。先住民族が住むこの島は、現在その名を「蘭嶼《らんしょ》」というが、当時は「紅頭嶼《こうとうしょ》」と呼ばれていた。

このときの目的地は蘭嶼ではなかった。夏季休暇を利用して、東部の平地から山岳地帯にかけて居住する先住民族の集落、「蕃社《ばんしゃ》」を訪問する計画だった。蘭嶼には、東部の町台東《たいとう》へと汽船で航行する途次、立ち寄ったにすぎない。しかしこの短い上陸は國分に深い印象を残し、記録を「蕃界《ばんかい》南路の海と山」（『台湾時報』一九三五年十月）にとどめた。

台湾とフィリピン諸島との間に横たわるバシー海峡を抜け、太平洋上を航海する船は揺れた。「動揺の静まった舷《ふなばた》の丸窓からかなり荒れている黒い波浪の蜒《うねり》の彼方に、二つの目立っ

蘭嶼
出典：『日本地理大系11　台湾篇』（山本三生編、改造社、1930年）

て大きな山をいただく島を手にとる様に眺めた」。周囲四十キロに満たない小島は、対岸の町台東から約九十キロメートル離れた、まさに孤島である。周囲にさえぎるものがないので、風強く波高く、台風が来れば交通は途絶する。現在でも着陸の際に、小型のプロペラ機は上へ下へと揺れ、高所が不得意な人にはお勧めできない。とはいえ、光害《こうがい》とは無縁の島の浜から仰ぐ、満天の星空の美しさは、筆舌に尽くしがたい。

　上陸を希望する國分らが船で待機していると、浜から、「一艘《いっそう》、二艘と、例のゴンドラの様な、いや、より一層ロマンティックな全身彫刻を施された独木船《まるきぶね》が漕《こ》ぎ出されてきた」。当時汽船は島に接岸できず、小型船に乗り換える必要があった。國分らを迎えにきたこの小舟こそ、島に住む先住民族の独特の文化を体現していた。

　海が荒れているからと云《い》うのを無理に頼んで、僅《わず》かの間上陸さしてもらう事になり、憧《あこが》れの小舟にゆられて島に向った。赤黒い皮膚のloin-cloth〔ふんどし〕一つの島人が、彼らの共有の舟を彼らの手製の櫂《かい》で漕ぐのである。彼らは岩礁《がんしょう》の間をうまく操って、波浪の猛烈なしぶきを全身に浴びながら、僕たち数人の上陸者を島に上げてくれた。造《ぞう》礁珊瑚《しょうさんご》の間をぬう危険な、しかし爽快《そうかい》な陸あげ作業をすませると、彼らは又本船に引きかえしていった。

初上陸の滞在は、わずか数時間にすぎない。駐在所に挨拶《あいさつ》してから、集落を回った。風除《よ》けのために半地下の形式で建てられた独特の住居を観察したり、大人の背丈ほどの高さの涼み台を見たり、マラリアを患って働けない若者から、彼らの珍重するトビウオの伝承について聞いたりした。若者はトビウオ漁の歌をうたってくれた。先ほど乗せてもらった小舟をあやつる島民たちが、漁の主役である。歌は國分の想像力を刺激した。「黒い荒海と彼らの舟とかれらの風貌《ふうぼう》に接して、更に又暗黒の夜と波浪にうつる松明《たいまつ》の火とを思えば、一層この歌のもつ迫力に酔ってしまうのであった」。

この初上陸から二年後の一九三七年夏、國分は再び蘭嶼を訪れる。今度はここに約二十日間滞在し、人生で最初の本格的な民族調査を行った。島には友人もできた。國分にとって蘭嶼は、生涯忘れがたい土地となった。

日本人による台湾先住民族の調査

一九〇八年に東京で生まれ、まもなく台湾に渡った國分直一は、南部の港町・高雄《たかお》で育った。台湾の古都・台南の中学校を出て、さらに台北《たいほく》高等学校、京都帝国大学で学んだ。しかし学生運動に関わったため当局の忌避するところとなり、卒業後は恩師の紹介で、中学時代をすごした台南に戻り、高等女学校に職を得た。台南の高等女学校は第一と第二にわかれており、國分が教壇に立つ第一は、主に日本人の生徒が通う学校だった。

大学では歴史学を学んだ國分だが、その関心はやがて、台湾の民族学や考古学に向けられる。台北高校の一学年上の先輩、民族学者の鹿野忠雄《かのただお》（一九〇六－四五年）から受けた刺激は大きかった。登山を好むようになったのみならず、当時「高砂族《たかさごぞく》」と呼ばれた、台湾の山岳地帯に住む先住民族に対して関心を抱くようになった。鹿野は台北高校在学中から先住民族の調査を行い、台湾各地で調査を進めていた。そして一九三七年夏、調査中の鹿野に誘われた國分は、物資の運搬も兼ねて、東部の離島へと足を運んだのである。

台湾の東部海上には、やや規模の大きな離島が二つある。そのうちの一つ、緑島《りょくとう》（旧称は「火焼島《かしょうとう》」）には主に漢族が住み、もう一つの蘭嶼には、先住民族が居住していた。当時「紅頭嶼」と呼ばれた島の住人は、戦前は「ヤミ族」と呼ばれ、現在は「タオ族」と呼ぶ。フィリピン北部のバタン諸島から海峡を渡ってきたタオ族は、この孤島で、外部と絶縁しなから独自の世界をつくってきた。
國分に先立つこと四十年近く前、日本による統治がはじまってすぐの一八九七年、蘭嶼で最初の調査を行った民族学者がいる。鳥居龍蔵《とりいりゅうぞう》（一八七〇－一九五三年）は、当時の島の人々について、晩年次のように回想した（『ある老学徒の手記』朝日新聞社、一九五三年。のち岩波文庫、二〇一三年、一二二－一二三頁）。

性質はすこぶる温和で部落内は実に平和である。男女はすべて裸体で、男子は腰に日本人のそれと同じ麻《あさ》フンドシをなし、女もまた日本婦人のそれのごとき腰巻《こしまき》を施すのみである。家は木造の草葺《くさぶき》で家の周囲に石を積んで壁としている。粟《あわ》、里芋《さといも》、琉球芋《りゅうきゅういも》、バナナ、魚貝類を常食しているが、酒と煙草《たばこ》はない。原始農業と漁業をなし、麻や椰子《やし》を植え、女は麻の織物を作り、男は土器を作るが、また木に彫刻することにも妙であり、船（丸木舟ではない）も造る。

日本統治期の蘭嶼は、日本人や台湾の漢族など外部の人間が立ち入ることの少ないよう、配慮がなされた。國分が訪れた一九三七年当時、日本人は警察官三名、警察医一名がいただけで、汽船は月にわずか四回の寄港にすぎず、学術調査を目的に訪れる人がまれにある程度だった。現在では対岸の台東から飛行機や船の便があり、自由な往来が可能だが、交通が発達した今もなお僻地《へきち》である。住民の大半はタオ族で、約四千人が暮らしている。

國分直一の先輩である鹿野忠雄は、一九二七年から蘭嶼をフィールドとして調査してきた。三七年も島でトビウオ漁や船造りの調査の最中だった。そこに國分や、民俗・民族学に対する関心を共有していた、画家の御園生《みそのふ》暢哉らが合流した。

一九三七年の蘭嶼滞在で、國分には島の友人ができた。当時まだ二十歳あまりの若者、シャマン・カリヤルである。台湾本島と隔離された当時の蘭嶼に、日本語を話す人は少なかった。そんな中、日本語の教育所を卒業し、島でもっとも日本語ができるといわれ、研究者たちが世話になったのが、シャマン・カリヤルだった。

民族考古学者と先住民族の友情

季節はちょうど夏、ヤミ族にとっては重要な食糧の一つである、トビウオ漁の季節だった。國分直一はシャマン・カリヤルの協力のおかげで、「チヌリクラン」「タタラ」と呼ばれる大小の船や、漁の方法、収穫の分配などの習慣を詳しく調査することができた。

タオ族の船は、鳥居龍蔵が記すように、丸木舟ではない。十人以上が乗る大型の「チヌリクラン」となると、村の人々が共同で造船に当たる。継承されてきた技術をもとに、山から木を切り出し、製材し、釘《くぎ》を使わずに組み立てる。進水の儀式も複雑で、島の人々にとっては船造りにとどまらない意義があった。英国出身のアンドル・リモンド監督によるドキュメンタリー映画の傑作、『チヌリクラン――黒潮の民ヤミ族の船』（二〇〇六年）には、二十一世紀初頭の造船と儀式の一部始終が収められている。

一九三七年の夏にも、折よく新造船の進水を祝う祭事が行われた。島民たちのにぎやかな祭りに触発された國分らは、祝意を表すべきだという御園生暢哉の発案で、アコーディオンを鳴らしながら、仮装行列をして練り歩いた。駐在所の巡査も巻き込んだ、珍妙な行進を目にして、島民たちは喝采した。興奮のあまり、御園生に親愛の鼻キスをする者もあった。シャマン・カリヤルは國分の調査に、いっそう親身に協力してくれた。

これ以来、國分とシャマン・カリヤルとの間に友情が芽生えた。島を引き上げてからも、手紙のやりとりがつづく。三年後、國分は両者の間の、「民族を超えた友情」を記念して、地元台南の新聞『台湾日報』に、随筆「シャーマン・カリヤル君」上中下（一九四〇年六月二十五－二十七日）を書いた。

シャマン・カリヤルのくれる片仮名の手紙は、國分に対し雄弁に語りかけていた。

アナタワゲンキデスカ（貴方は元気ですか）

ワタクシゲンキデス（私元気です）
コムリヤマノイスニノボリマシタ（小森山の石に登りました）
シヤマンカリヤル。ミツワカリマシタ（シャマン・カリヤル、道分かりました）
カソチコガコノトコル（カソカソ〔植物名〕の所）
タビマシタ。コモリヤマビトタビマシタ（食べました、小森山で食べました）
紅頭嶼ノアツクナリマシタ（紅頭嶼の暑くなりました）
サヨナラ（さよなら）

調査をともにした國分には、わかりにくい手紙の一行一行が腑《ふ》に落ちた。シャマン・カリヤルは遠く離れた島から、國分の調査の進展を気にかけていた。「アナタノチカラワゲンキデスカ」（貴方の力は元気ですか）という問いかけは、身体的な健康を超えて國分を励ました。
別の手紙には、次のような一文がある。

コクブナオイチ（國分直一）
コウトシヨノハナシヲキイテノコスカ（紅頭嶼の話を聞いて残すか）
シヤーマン・カリヤルオモシルコナリマシタ（シャマン・カリヤル面白くなりました）

シャーマン・カリヤルニキヽナサイ（シャマン・カリヤルに聞きなさい）

植民地における学問

宗主国の支配者による、植民地の被支配者を対象とした近代的な学問には、科学の装いの下に、時代の印が刻み込まれている。現在の目からは、國分の「土人」といった言葉づかいや、先住民族の船を「ロマンティック」と形容することに、文明の側に立つと称する調査者の不遜《ふそん》を見るだろう。

「民族調査」における調査の対象は、死者の遺骨はもちろん、たとえ生きた人間であっても、「標本」である。國分の民族調査も、日本が台湾を植民地として統治し、先住民族を統治の対象とした時代の産物だった。島の人々は学問的な「消費」や「搾取」の対象となりえたし、遺骨はしばしば盗まれた。蘭嶼調査は、一九三〇年代後半という時代を考えれば、「大東亜《だいとうあ》共栄圏」を準備するための、御用学問の一環であることをまぬかれない。透きとおるような好奇心を生涯抱いて学問に没頭した國分は、学問が決して中立ではなく、ときに政治的な意味を帯びてしまうことに、自覚的ではなかったと思われる。

しかし、國分の調査の記録や関連する随筆を読み進めていくと、そこに血が通っていると感じられるのも、また事実である。シャマン・カリヤルの手紙を読むと、鹿野や國分が蘭嶼の人々から歓迎されたのは、彼らの態度が謙虚で真率、隔意ないものだったからではないかと思わせる。そして何より、タオ族の人々を深く知りたいという情熱があった。

國分は蘭嶼の人々、その民族や文化、考え方に対して敬意を払うのみならず、彼らの世界に少しでも入っていきたいとの希望を持っていた。蘭嶼の人々は調査の対象だが、同時に、土地や環境は異なっても、同じ時代を生きる人間だった。自らの調査が、学術的に価値があったり、好奇心を満足させるだけでなく、調査されたり協力する側にとっても、意味あるものであってほしい。調査が彼らの文化を記録し研究するという学術的意義を超えて、彼らの存在を肯定するものであってほしい。同時にそれは、國分が自らの存在を見つめ直す機会でもあった。國分はそんな願いを抱いていたのではないかと思われる。

台湾の先住民族

日本による台湾統治は、一八九五年に始まる。日清戦争の結果、下関《しものせき》条約が結ばれ、台湾は日本に割譲《かつじょう》された。大日本帝国最初の植民地として統治するに際し、統治の中枢を担った総督府は、台湾とはどういう土地で、どういう人々が住んでいるのかについて詳細な調査を行った。日本の物差しで測るのが難しいほど、台湾は民族構成の複雑な社会だった。調査は住民の大多数を占める漢族を対象とするのみならず、いわゆる「文明」とはかけ離れた世界に住むと思われていた、先住民族に対しても行われた。

台湾海峡を渡って漢族が移住する以前から、台湾を住みかとする人々がいた。現在「原住民族」（一般には「原住民」）と称する、台湾の先住民族である。「オーストロネシア語族」と分類され、フィリピンやインドネシア、太平洋諸島の人々と共通点を持つ先住民族は、もともと文字を持たず、記録された歴史はなかった。よって、台湾の歴史は一般に、外来勢力がこの海上交通の要衝に目をつける、十七世紀から説き起こされる。

大航海時代の新興勢力オランダが、台南に拠点を設け、植民地経営を行うものの、鄭成功《ていせいこう》（一六二四―一六二年）に駆逐されて短期間に終わった。短いオランダ統治以降、対岸の福建《ふっけん》省や広東《カントン》省北部から、漢族が大量に台湾へと移住してくる。日本統治期には新たな移民として日本人が加わり、戦後には中国全土から国民党とともに新たな漢族がやってくる。

以上の民族集団（「エスニック・グループ」と称する）は、さらに細分できる。現在の総人口二千三百万人余のうち、約五十五万人、二パーセント強を占める先住民族についていえば、中部の急峻《きゅうしゅん》な山岳地帯や東部の狭隘《きょうあい》な平地・離島に住み、独自の言語や文化を維持しつづけた人々と、西部から東北部にかけての平地や丘陵地帯に住み、漢族との通婚や交流によって漢化の進んだ人々にわかれる。「原住民族」という正式な呼称（もしくは通用してきた「原住民」）から一般にイメージされるのは、中部の山地や東部の平地、離島に住む人々である。

日本統治期には「高砂族《たかさごぞく》」と呼ばれ、戦後の国民党統治期には「高山族《こうざん》」や「山地同胞《どうほう》」と呼ばれた。

これに対し、平地や丘陵地帯に住む、言語や文化面で漢化した先住民族は、「平埔族《へいほ》」と呼ばれる。清朝《しんちょう》や日本統治期の差別的な用語をあえて用いれば、山地や離島の「生蕃《せいばん》」に対し、平地の「熟蕃《じゅくばん》」と呼ばれた。日本統治期、平埔族の伝統は一部をのぞいてほぼ途切れたかに思われたが、一九八〇年代以来、「台湾人」としての意識が高まる中で復活し、台湾の多元的な文化を象徴する存在として注目を浴びている。

一口に先住民族といっても、その構成は複雑である。中部の南投《なんとう》県に「九族《きゅうぞく》文化村」という人気の観光施設が存在するように、かつては九つの民族が認定されていた。しかし二十一世紀に入って民族意識はいっそう高まり、多くの民族が名乗りを上げた。現在十六のグループが公式に認定されている。

人口の多い順に挙げると、アミ族、パイワン族、タイヤル族、ブヌン族、タロコ族、プユマ族、ルカイ族、セデック族、ツォウ族、サイシャット族、タオ族、クヴァラン族、サキザヤ族、サオ族、カナカナブ族、サアロア族である。最大のアミ族の人口は二十万人を超えるが、タオ族は五千人に満たず、サオ族となるとわずか八百人程度である。以上のうち、サオ族、クヴァラン族は平埔族であり、他にも民族としての認定を希望する、シラヤ族やケタガ

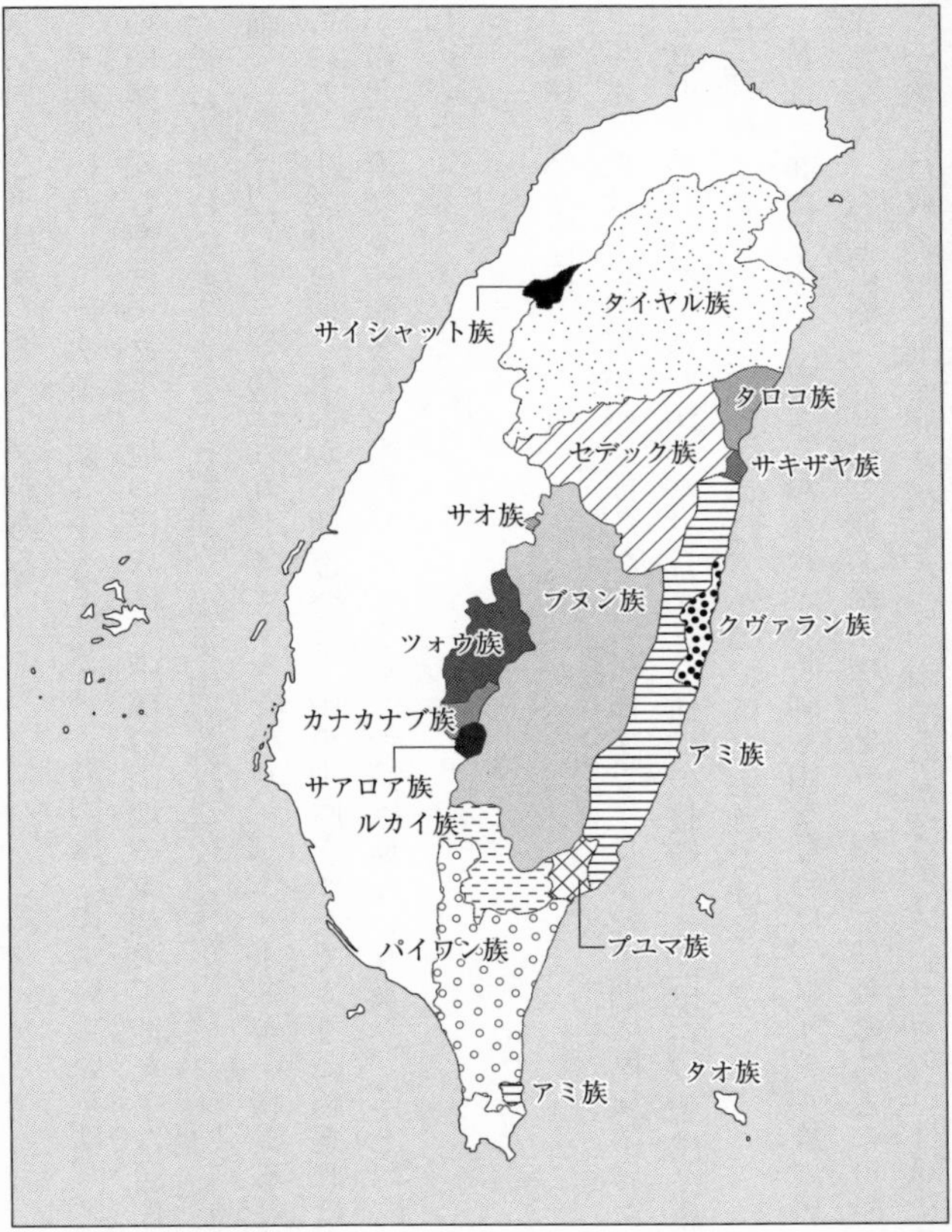

先住民族の居住地域
出典：『台湾歴史地図』（黄清琦ほか地図作製、国立台湾歴史博物館・遠流、2015年、11頁）を基に作製

ラン族など平埔族のグループがある。

平埔族については次章で紹介するとして、「高山族」についていえば、タオ族のみが離島の蘭嶼に住む海洋民族で、他の民族は、中部の山地や東部の平地を主な居住地としてきた。台湾は九州ほどの大きさの島だが、中央山脈の険峻は比較にならない。最高峰の玉山《ぎょくざん》（戦前の「新高山《にいたかやま》」）は、標高三九九七メートルを誇り、三千メートルを超える高峰は百座以上にのぼる。小型飛行機で東部から西部へと、中央山脈をまたぐように越えれば、巍峨《ぎが》たる山々が南北に連なる壮観を目の当たりにできる。台湾は島というより、洋上に屹立《きつりつ》する巨大な山岳のごとく見えるだろう。

先住民族の居住地

先住民族は中央山脈から東部にかけて居住する。日本統治期に民族学者たちがその居住地を訪ねるのは容易ではなかった。しかし交通網の整備された現在、先住民族の集落（台湾では「部落」と称する）を訪ねるのは、かつてほど困難ではない。

首都台北《タイペイ》から南へ、車でうねうねと一時間も山を登れば、タイヤル族の居住地の一つ、烏《ウー》来《ライ》に着く。台北近隣では北投《ほくとう》と並ぶ温泉地であり、気軽に訪れることの可能な観光地である。

台湾の行政区画で唯一海に接しない、中部の南投県は、台中《たいちゅう》から日帰りが可能で、ロー

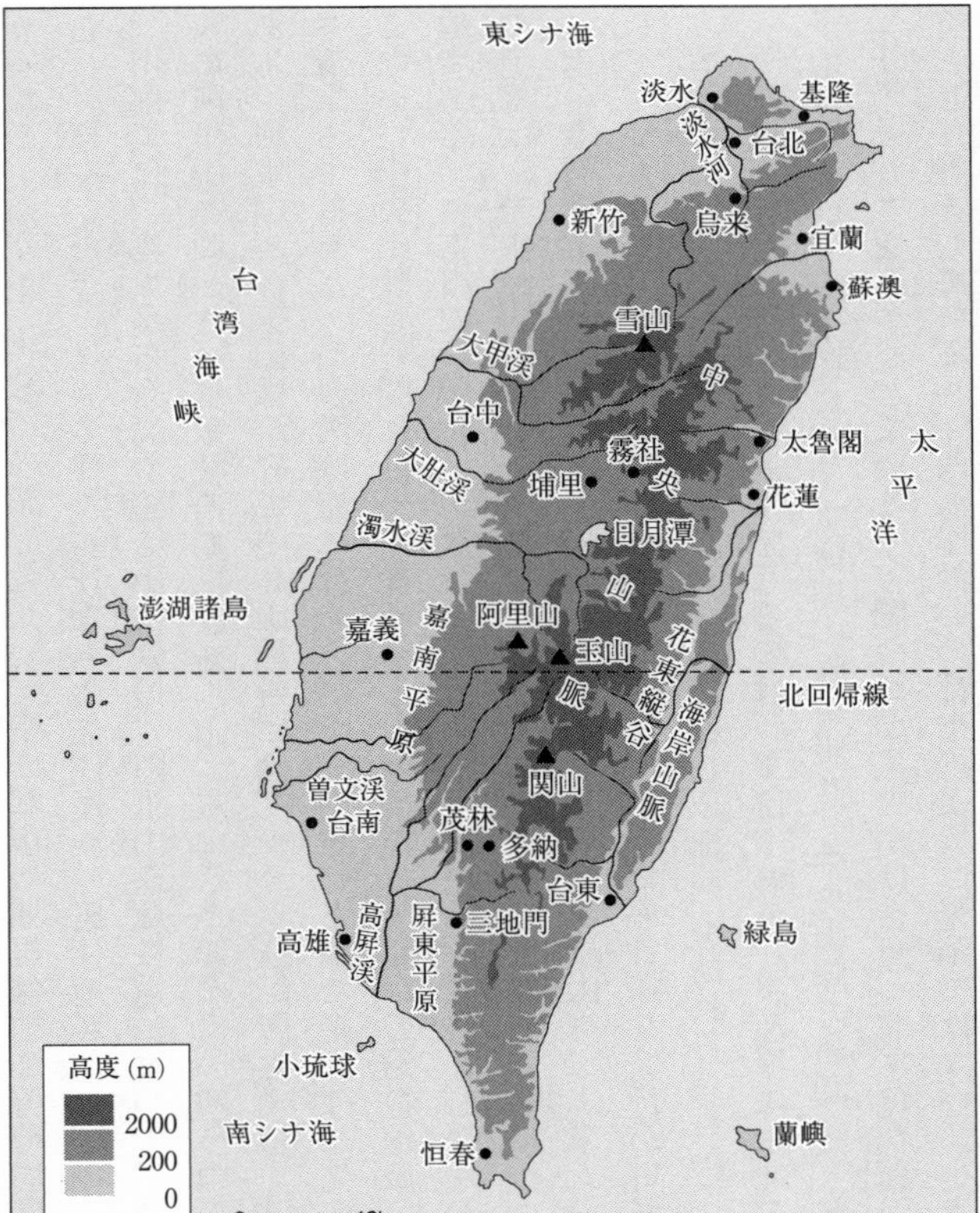

台湾地形地図
出典：『台湾地理図説』（張伯宇ほか編著、台北：南天書局、2008年、11頁）を基に作製

カル線の一つ、集集《しゅうしゅう》線での旅も楽しい。中心都市の埔里《ほり》盆地やその周囲には、サオ族の住む日月潭《じつげつたん》や、セデック族の住む霧社《むしゃ》などの先住民族の居住地がある。

南部では、嘉義《かぎ》から台湾の誇る山岳鉄道、阿里山《ありさん》森林鉄道に乗って、標高二六六三メートルの阿里山へ向かう。日本統治期には新高山（玉山）と並んで、知らぬ人のなかった名山である。阿里山から玉山にかけての高山地帯には、ツォウ族が居住する。

清末《しんまつ》まで首府だった台南は海に近い街だが、内陸へと車で走れば、先住民族の居住地は遠くない。中央山脈を谷間に沿って横断する「南部横貫公路《なんぶおうかんこうろ》」の沿道地域は、ブヌン族の居住地である。台南市内からわずか数時間で目にする、原始的な荒々しさをむき出しにした峡谷の絶景は、先住民族の住む土地がどういうものか認識させてくれる。

南の港湾都市高雄からは、中央山脈へと通じる要衝の旗山《きざん》や、客家《ハッカ》人の住む町美濃《みのう》を経由して、ルカイ族の集落がある茂林《マオリン》や多納《トナ》へと、バスでの日帰り旅行が可能である。さらに南の屏東《へいとう》からは、東へ向かうとパイワン族の住む三地門《サンディーメン》を訪れることができる。

先住民族の存在をより身近に感じるのは、東部である。東海岸には北の宜蘭《ぎらん》平野をのぞき、平地が少ない。太平洋に沿って海岸山脈が走り、中央山脈との間に、南北に細長い谷間、「花東縦谷《かとうじゅうこく》」を形づくっている。谷間の南の入口には台東、北には花蓮《かれん》が、太平洋に臨む港町として発達しているが、西海岸沿いの都市のように繁華ではない。小さな町は徒歩での散策が可能で、西に目を向ければ巨大な屏風《びょうぶ》のように中央山脈がそびえ、東へ向かうと太平洋の荒波が浜を洗う。台東周辺から花蓮にかけては、先住民族の中で人口が最多のアミ族と、プユマ族が住む土地である。

花蓮から北へ向かう道は、宜蘭県の港町蘇澳《そおう》と花蓮を結ぶ「蘇花《そか》公路」といい、台湾の道路の中でも絶景を誇る。中央山脈が海へと直角に落ちるかのような断崖《だんがい》の高所に、台風など自然災害があればすぐに途絶する道路が、日本統治期に作られた。絶壁の下は見わたす限りの海原《うなばら》が天の果てまでつづく。花蓮からバスで北上すれば、右側通行の台湾の場合、ガードレール際の車窓から、目もくらむ絶景を小一時間見つづけることになる。

蘇花公路を北上する直前に、西へ折れて中央山脈への道を登れば、太魯閣《タロコ》峡谷に至る。石灰の地盤を渓流が削ってできた、ごく狭い断崖の峡谷で、蘇花公路と並ぶ絶景ポイントである。周辺には地名の通りタロコ族が居住する。

日本統治期の先住民族

先住民族はかつて全島に分布し、狩猟や漁撈《ぎょろう》・畑作生活を営んでいた。しかし十七世紀以降、漢族が台湾海峡を越えて入植する過程で、平地に住んでいた平埔族は丘陵地帯へ、「高山族」は山岳地帯の奥へ、さらには山脈を越え東部の狭い平地へと追いやられた。清朝統治期には、漢族の農耕地と先住民族の居住する「蕃地」との境に、先住民族による襲撃の防御、および漢族による侵出の制御を目的に、「隘勇線《あいゆう》」が設けられたが、摩擦は絶えなかった。

日本統治期になると、平地で抵抗する漢族の掃討を終えた台湾総督府は、隘勇線を強化し、先住民族を山岳地帯に閉じ込める方針をとる。一九〇〇年代から一〇年代前半にかけて、総督府は武力でもって包囲し、抵抗する民族には容赦ない弾圧を加えた。日本側に危害を加えた場合は一族みな殺しの目に遭った。

反抗がおさまると、警察官の駐在所を配置し、狩猟用の銃をとりあげた。日本語の教育施設を設けて、「教化」の名のもと、管理や開発を進めた。先住民族に労役を課したが、十分な報酬は支払われず、農耕や狩猟の妨げとなった。警察官と先住民族女性の結婚を奨励したが、警官の任期が終わると、女性はしばしば捨てられ、侮辱を受けた。

総督府警務局が主導した、「理蕃《りばん》」と称する統治策は、何百年来変わらなかった先住民族の生活に根本的な変化をもたらした。家族や一族が殺された恨み、土地を踏みにじられた屈辱、警察官の横暴に対する怒り、自らの生活が破壊されることへの惧《おそ》れが鬱積《うっせき》した。

とはいえ、日本統治期の民族間の接触は、少なくとも一般民衆においては限定的だった。先住民族、漢族、日本人がそれぞれ居住区を持ち、部分的に雑居し摩擦を生みながらも、日常的にはお互い交わることなく生活を営んでいた。一般人が許可なく先住民居住区へ入ることは許されず、先住民族としばしば交流する日本人は、警察官など山地の居住者に限られた。それゆえ、日本人の先住民族イメージには、原始的な生活や習慣、刺青《いれずみ》などの外見に対する蔑視《べっし》と、「首狩り」に象徴される、野性に対する恐怖が併存していた。

生まれてすぐ渡台した國分直一は、郵便局員の息子として南部の新興都市高雄に住んだ。高雄の日本人居住区に住む限り、他の民族を意識することは少なかった。一九一五年に台南で漢族が武装蜂起《ほうき》した、「西来庵《せいらいあん》事件」のような大事件の余波が、時おり少年の耳に入ることがあったものの、民族間の軋轢《あつれき》や衝突という問題が、國分の少年・青年時代に大きな影を投げかけたわけではない。國分の青年時代は、理蕃政策の進捗《しんちょく》により先住民族の抵抗が下火になった、一九二〇年代に当たってもいた。

霧社事件

しかし表立った抵抗が減ったからといって、先住民族の日本統治に対する不満が解消したわけではない。一九三〇年、中部南投県の霧社《むしゃ》で起きた、日本人に対する大規模な武装蜂起、「霧社事件」は、統治の成功を信じていた台湾総督府を震撼《しんかん》させた。当時はタイヤル族の一支族とされていた、セデック族が、頭目の一人モーナ・ルダオ（一八八〇—一九三〇年）に率いられて、運動会の開かれていた霧社の小学校を襲撃し、百名以上の日本人を殺害した。

霧社事件を生き延びた、セデック族の証言者の一人に、ピホワリス、戦前の日本語名は中《なか》山清《やまきよし》、戦後の中国語名は高永清《こうえいせい》がいる。台湾の先住民族は、歴史に翻弄《ほんろう》されて三つの名前を持つことになった。ピホワリスは事件の記録『霧社緋桜《ひざくら》の狂い咲き――虐殺事件生き残りの証言』(加藤実編訳、教文館、一九八八年)に、事件が起きた直接の要因として、道路の開鑿《かいさく》や木材の運送に使役されたものの、工賃は漢族より安く、支払いが滞ったこと、農期を無視して出役の命令が出され、耕作に支障が出て食料が欠乏した一方で、命令に従わないと数倍の罰役を課されたことなどを挙げている。

山地での危険をともなう労働に酷使されただけではない。一九〇〇年代の日本軍による包囲戦で家族が殺された記憶はまだ新しかった。総督府による山地統治は警察を通してなされたが、彼らの誇りである狩りに必要な銃は統制下に置かれ、警察権力の前に絶対的服従が求められた。警察官の横暴は、ことに女性関係において先住民族の憤激を買った。暴行事件や侮辱が絶えず、懐柔策の一つとして警察官と先住民族女性との結婚が奨励されたが、任期を終えた警官は妻子を棄てて山を去った。

ピホワリスは証言で、一人でも日本人を殺すと、理由を問わず、「部落全体大討伐を受けて来た」こと、「今更空手で戦争することのバカを知りつくしていた」ことから、運動会の場にいた日本人は、老若男女を問わず、すべて殺害した、と記す。

　どうせ負けるに決っている戦争と云うことは皆は知っていた　只《ただ》人間として扱われないでいることがシャクにさわって反抗しただけのことである　死ぬことは眼の前にはっきり見えている　それで非戦闘員即ち女子供は争って縊死《いし》を遂《と》げた　戦闘の出来る人は正装して　何時《いつ》でも死ねるように一番大切な着物を着けて戦った

　日本軍は報復として容赦ない掃討戦を進めた。ゲリラ戦にてこずった日本軍は、飛行機による爆撃のみならず、毒ガスを使用したとされる。また、蜂起に加わらなかった、「味方《みかた》蕃《ばん》」と呼ぶ他の先住民族を教唆《きょうさ》して、降伏した生存者を襲撃させた。蜂起に関わったセデック族は、女性や子どもも入れて千二百人を超えたが、生き残ったのは二百名ほどにすぎない。根絶やしに近い、徹底的な復讐《ふくしゅう》だった。わずかに生き延びた人々は、のち強制移住させられ、暗く苦しいその後を生きることになった。二〇一一年に公開された映画『セデック・バレ』（原題は「賽徳克・巴萊」、魏徳聖《ぎとくせい》監督）は、霧社事件を題材とし、日本の台湾統治史上もっとも凄惨《せいさん》な先住民族と日本人の戦いを、セデック族の視点から描いている。

　國分直一が先住民族の世界に触れるのは、鹿野忠雄から刺激を受けた旧制高校時代からである。霧社事件は京都にいた間に起きたが、國分にとって大きな衝撃だったと思われる。一九三三年台南に職を得てからは、長期の休暇を待ちあぐねては阿里山などの山に通った。登山趣味が嵩《こう》じるにつれ、先住民族の世界に魅《ひ》かれていく。

恐怖心と侮蔑感

一九三六年夏、國分直一は南投県の埔里を通って、台湾第二の高峰、次高山《つぎたかやま》(雪山《せつざん》)に登った。その記録には、唐突に、「かなりの時の経過がすべてをぼんやりさしているので、事件後はじめてきたときのようなきつい哀愁に襲われる事からはまぬかれた」との記述が出てくる(「マレッパ路より次高山へ」『台湾時報』一九三六年十月)。「霧社」という地名は記事のどこにもないが、周辺の地理を勘案すれば、「事件」は「霧社事件」を指すと了解される。霧社に来るのはこれが事件後二度目で、周辺を居住地とするセデック族やタイヤル族の動向に注意を払わずにいられなかった。

それ以前の、一九三五年夏には、蘭嶼訪問につづき、東部の台東から、知本《ちもと》や太麻里《たいまり》を経て、南部の中央山脈南端を山越えした。アミ族やプユマ族、パイワン族の「蕃社」訪問が目的だった。この調査旅行でも、パイワン族の娘の踊りや長老の歌など、忘れがたい光景にいくども遭遇した(「蕃界南路の海と山」前掲)。

蕃社の入口では、青い蔓草《つるくさ》や百合《ゆり》の花環《はなわ》をつくって冠《かぶ》った乙女《おとめ》たちが沢山あつまってきた。聞く所によると、月もよし、この夜踊りぬこうと楽しみにしている所だというのである。その夜月明の下で彼らの踊を見た。ゆるく手をつないで、輪をなして、極《ご》く簡単なステップをふんで、ぐるぐる右から左にめぐりながら踊るのである。（中略）粟《あわ》の収穫を喜ぶ歌、農業の歌等は今でも彼らはよく歌うが、首をえてかえった時の歌は忘れてしまっている。そしてその時の踊りも老人をのぞけば大方忘れてしまっているとか。然《しか》ししいて所望《しょもう》すると、長老たちが若者たちをひきまわしてくれたが、あるものが右にとべばあるものは左に飛ぶといった風で、中々調子があわない。だが老人の歌う歌には朗々として迫力あり、その舞踏には狂躍乱舞《きょうやくらんぶ》の面影が残っていた。

先住民族の居住地域、いわゆる「蕃地」の、地域ごとの治安情報は、各地に駐在する警察官によって把握されていた。「蕃地」へと踏み入るには、警察から指導を受ける必要があった。とはいえ、霧社事件の場合のように、判断は大きく誤ることがある。事件が起きてわずかに五年後、民族は異なるとはいえ、首狩りの成功を祝う歌を國分は所望し、しかも歌が忘却に瀕《ひん》していると記した。民族学者の大胆さとともに、支配者の鈍感をも、國分は共有していたというべきだろう。

同じく一九三五年の年末、國分は中央山脈南部の雄峰、関山《かんざん》（標高三六六八メートル）の付近で、西部から東部へと山越えを経験した。台南や高雄から台東へとつづく、現在「南部横貫公路」と呼ばれる難所の付近は、ツォウ族やブヌン族の居住地である。特にブヌン族の居住地は「危険地帯」だった。弾を込めた銃を手にした警官三名に守られながら、武装駐在所の点と点をつなぐようにして山道を歩んでいると、次のような感想が浮かんだ（「関山越の山路」『台湾時報』一九三六年三月）。

ああして原始の森をさまよい、野獣の血を流して、渓《たに》を渡り、崖《がけ》を攀《よ》じる時、殺伐な野性――人類が他の獣類と闘《たたか》っていた時代の――がよみがえってくるのではないかと。然《しか》も山又《また》山を越えて落ちのびてきた彼らであるとすれば、外民族に対する復讐の焔《ほむら》が、殺伐な野性にあおられて燃え上がるのを抑え難い時があるかもしれないと。然し、思えば彼らは強いようで結局は廃残《はいざん》の民であるに過ぎまい。

これらの記述には、当時の日本人の先住民族に対する恐怖心と侮蔑感が典型的にうかがえる。民族学者の國分にとっても、先住民族は遠い存在だった。

台湾に住む人々の世界へ

しかし一九三〇年代の後半、國分直一の先住民に関する記述に変化が生まれる。山に入れば入るほど、島の友人と手紙を往来すればするほど、先住民族に対する関心は深まる。ジャマン・カリヤルを記念する文章を書いた年、國分はもう一人、先住民族の友人ができたことを喜び、「木魚君」（上下、『台湾日報』一九四〇年三月二十三、二十四日）を書いた。

地理学者の田中薫《たなかかおる》（一八九八―一九八二年）の著書『台湾の山と蕃人』（古今書院、一九三七年）に、アミ族と平埔族の混血で、京都で中等教育を修めた助手として、トタイ・ブテンなる人物が登場する。台東に住んでいたトタイ・ブテンは、一九三三年夏、港で蘭嶼に向かう途中の鹿野忠雄と出会う。以後鹿野の助手を八年にわたり務め、のち田中とも知り合った。

トタイ・ブテンという名の意味に、漢字を当てはめて、「木魚君」なるあだ名を奉《たてまつ》ったのは、國分だった。一九四〇年三月、台湾の春をいろどる木綿花《もめんか》の咲く季節、木魚君は台南の國分を訪ねてきた。鹿野や田中の助手として、先住民族の住む山河を跋渉《ばっしょう》した木魚君は、勤務する研究室の余暇を利用して、今回は「南部蕃」を観察しにきたという。木魚君は、「私は蕃人です」と、「決心や抱負や希望」を秘めて挨拶する人だった。そこにはいささかの自己卑下も、よくある「民族的哀愁」もなかった。

木魚君から収集品について、示唆に富む助言をもらった國分は、「暗い所から明るい所へ出たような気もち」になる。木魚君は、田中薫の著書によれば、「民族的自覚による我々の文化をおしすすめたい」との希望を語るような青年だった。その見識や展望から國分は刺激を受けた。國分の念願は、研究対象とする人々の間から、志を同じくする協力者があらわれ、彼らと手を携えて、彼らの世界に入っていくことだった。「お互いに手を握ってゆきましょう」と声をかけると、木魚君は國分の肩を叩《たた》いて同意を示した。

國分にはほかにも学問の協力者がいた。考古学の発掘の際には、台南の中学生（旧制中学、現在の中学高校に相当）の助力を仰いだ。國分にとって台南第一中学校の三年生「土橋君と陳君」は、「大切な友達」だった。二人を通して、台南東部の山地出身の三年生「鄭君」とも知り合った（國分「木魚君」）。

その鄭君が本島人《ほんとうじん》（台湾の漢族を指す。「内地人《ないちじん》」＝日本人と対になる呼称）と平埔族との混在している鄭君の部落の地方や山を案内してくれるというのであるから、私は今非常にたのしみにして学期末の休暇のくることをまっている。私はこのようにして、かつて夢のように思っていた、入りにくい世界に入ってゆくことが出来るようになってきたことを非常に感謝している。

そこへ又木魚君によって更によろこびを強められた。（中略）会うのはこんど度はじめてであったが、それでも旧知の如《ごと》く僕たちは忽《たちま》ち仲よしになった。

研究の過程で先住民族や漢族の協力者と交流が深まることを、國分は、「学問の世界に於《お》ける人と人との結びつきの生む純粋のよろこび」と呼んだ。果たしてどこまで「純粋」なものだったのかは、留保する必要があるだろう。研究者と助手・協力者、教師と生徒、宗主国から来た人と植民地に生まれた現地の人々。彼らの関係は明らかに対等ではなかった。

しかし、対等でなかったとしても、先住民族や漢族の世界をもっと知りたいという國分の欲求、互いに手を携えその世界の中に入りたいという願望が、学問的打算にすぎず、そこにあったのは支配と被支配の関係だったとするのも、少なくとも彼らの実感に即してみれば、後世の高みからの、違和感の残る解釈だろう。國分に打算や傲慢《ごうまん》しかなかったとしたら、シャマン・カリヤルや木魚君のような鋭敏な人々が、感じとらずにすんだだろうか。

高砂義勇隊と二・二八事件

残念なことに、個別の友情は、時代の流れの前では、何ほどの痕跡《こんせき》も残さない。

一九四一年太平洋戦争が始まると、先住民族は「高砂義勇隊」として組織され、戦場に送られた。約十年前の霧社事件では、蜂起したセデック族が、山岳地帯のゲリラ戦において、近代兵器を擁する多数の日本軍を苦しめた。南方の戦線は、台湾の山地と環境の近い、熱帯の山岳地帯である。日本軍は「高砂族」が大きな戦力になると考え、志願を募った。

先住民族の若者たちは、立派な日本人兵士になれる、日本人と同等のあつかいを受けることができるとの希望を抱いて、志願した。敗戦まで、計七回、計一万人以上の義勇隊が派遣されたが、当時の先住民族の人口が十数万ということを考えると、若い男性の大半が志願したことになる。東南アジアから南太平洋にかけての、ジャングルの激戦地で、軍需品運搬や道路建設、さらにゲリラ戦にも加わった。彼らは「日本人兵士」として戦い、日本内地から来た、熱帯の山岳地帯での戦闘に不慣れな日本人兵士たちを助けた。

日本兵として勇敢に戦った高砂義勇隊には、南方の戦地で日本の敗戦を迎えた者がいる。敗戦に涙した彼らを待っていたのは、日本ではなく、中華民国となった台湾だった。

一九四五年、台湾が中華民国に「光復《こうふく》」した当初、祖国への復帰を歓迎した台湾の人々は、やがて新たな支配者としての国民党政府に対し不満をつのらせる。「本省人《ほんしょうじん》」と「外省人《がいしょうじん》」の対立が激化し（中国復帰以前から台湾に居住した人々を、台湾本省の人々という意味で「本省人」、戦後台湾に渡った台湾省以外の出身者を「外省人」と呼ぶ）、一九四七年には「二・二八事件」が起きた。この蜂起に、かつて高砂義勇隊として従軍した先住民族の一部も加わった。兵士として戦った経験を買われて、協力を求められたのである。しかし事件の終息後、処刑や投獄の憂き目を見た。ＮＨＫ製作のドキュメンタリー『三つの名を生きた兵士たち――台湾先住民〝高砂族〟の20世紀』（二〇一二年八月十一日放送）は、ツォウ族やプユマ族の元「高砂義勇隊」にインタビューし、南方の苛酷《かこく》な戦場や二・二八事件を生き抜いた、彼らの人生に思いを致した秀作である。

日本人兵士として戦ったのは、先住民族だけではない。一九四五年になると兵力不足を補うため、漢族にも徴兵制が施行された。帝国陸海軍の軍人や軍属として南方の激戦地に送られた人数は、二十万人以上とされる。日本のために戦い、一命をなげうった、もしくは行方不明となった台湾出身の兵士数は、五万人以上に達した。

しかし、「お国」のために死線をさまよって帰還した兵士たちは、台湾に帰ると、すでに「日本人兵士」ではなくなっていた。戦後日本政府は、日本国籍の消失を理由に、内地の日本人兵士に支給された恩給を、台湾の元日本人兵士には支給しなかった。戦中の給与さえ、台湾人元日本兵士による補償運動が起こされるまで、長く未払いだった。

戦争にまつわる日本人の記憶から、かつて「日本人」として戦った高砂義勇隊は、完全に抜け落ちた。太平洋戦争はあたかも、内地に住む「日本人」だけが戦い、「日本人」だけが被害に遭ったかのごとく記憶された。

変化の中の先住民族

先住民族の生活は、日本や国民党による統治を経て大きく変化した。居住地は現在ではもちろん制限されていない。現代社会の中で生活を送るには、山地や離島は適さない面もある。教育や労働などの関係で、都市部に住む人々も多い。蘭嶼の場合も、トビウオ漁の季節などをのぞけば、若者は都市へと移動し、過疎の進む島となった。同じく台湾東部沖合の離島、主に漢族が住む緑島は、かつては政治犯を収容する「監獄島」として知られたが、民主化が進むにつれ観光地としての開発が進んだ。緑島と同じく青い海が広がる蘭嶼にも、今世紀に入ってから観光地化の波が押し寄せている。

一九九〇年代以降、経済的な困難は依然残るものの、台湾社会における先住民族の地位は向上した。八〇年代以来の、先住民族自身による権利獲得の運動は、周縁や底辺に追いやられてきた彼らに、民族の権利と誇りをもたらした。また、七〇年代後半以降の「台湾人」意識の高まりは、漢族が来住するはるか以前から、台湾の大地に生きてきた「台湾人」、先住民族の存在に対する注目へとつながった。民主化以降の台湾社会が、多元的な多民族共存の社会であることを旗印にしてきた点も、先住民族の地位向上に寄与した。

言語や生活面での漢化が進みながらも、民族の言語や文化を維持し、回復するための、教育制度やメディア、博物館などの整備も進んだ。研究の面ではもはや外部から調査を一方的に受ける時代は去った。現在は先住民族出身の研究者がリードする状況が生まれている。自らの声、民族の声を、文学作品として届ける作家も、数多く活躍している。蘭嶼出身の作家、シャマン・ラポガン（一九五七年—）は代表的な一人で、いくつもの作品が日本語に訳されている。一九九二年に刊行された『冷海深情』（魚住悦子訳、草風館、二〇一四年）は、教育機会を求めて蘭嶼から台湾へと出た作家が、三十歳余りにして島へ帰り、タオ族としての自身をとり戻す、自伝的要素の濃い小説である（七七頁）。

わたしは、老人たちが、六、七〇年代に生まれた新世代について、ことばにならないほど失望している、その心の痛みを深く実感していた。老人たちの無言の涙や、一文の値打ちもない伝説の物語やヤミ人〔タオ族の戦前の呼称〕の歴史、何の代償もない生涯にわたる労働は、土地を呼吸させ、自分たちが尊厳を保って生きるためのものでしかなかった。（中略）ぼんやりした月明かりで、彼らのまなざしや顔のしわ、厚い手のひら、腰の黒ずんだふんどしを観察した。父たちの身体の内も外も、すべてがわたしを粛然とさせ、尊敬の念を抱かせた。彼らが自分を律し、おごりたかぶらず、沈着なのは、すべてこの島の環境によるものだった。わたしは自分を振り返って、こう思った。わたしが彼らのためにすることは、あまりにも少ない。山での仕事の過程をすべて記録するべきだ。

私たちが蘭嶼を知りたいと思うなら、台東から島へ向かう船や飛行機の、激しい揺れを辛抱すれば、容易に訪れることができる。かつては日本語を話す人々に出会えたが、現在そういう機会は減った。しかし過去を知りたければ、戦前のタオ族に関する、鹿野忠雄や國分直一らの記録を読むことが可能である。一九八〇年代以降数多く撮影された、記録映画を見ることもできる。アンドルリ・リモンド監督の『チヌリクラン』では、老人たちはカメラに向かい日本語で語り、また縁者や友人たちとの交歓の場では、タオ語によって朗々と歌の掛け合いをする。今世紀初頭までは確実につづいた、タオ族の伝統文化の最後の姿、もしくは新しく生まれ変わろうとするタオ族の姿が、フィルムにとどめられている。中国語を通せば、タオ族出身の作家の声を聞くこともできる。

國分を興奮させたタオ族の船「タタラ」は現在も使われ、トビウオ漁もつづけられている。その一方で、モーター船が行き交い、観光客用の施設が並ぶ港は、百年前が遠い昔話となったことを実感させる。蘭嶼には一九八二年以来、核廃棄物の一時貯蔵施設が置かれていることも、特記せねばならない。「アニト」なる悪霊を恐れるタオ族の人々にとって、核廃棄物は「アニト」の最たるものだった。その一方で、この施設が置かれることで、補償が収入となり、タオ族の伝統文化存続に資していることも否定できない。鹿野や國分が夏を過ごした一九三七年とは遠く離れた環境に、現在の蘭嶼は置かれている。

しかし、蘭嶼の人々は、台湾本島を「台湾」と呼び、わが土地「蘭嶼」と対比しつつ、この島を今も大切に守りつづけている。それは、巨大な中国を「大陸」と呼び、自らの住む土地を「台湾」と呼んでいとおしむ、台湾人の姿と重なるものがある。

鳥居龍蔵が蘭嶼を訪れたのは一八九七年、國分の初上陸は一九三五年である。日本人の民族学者が訪れてから、ずいぶん時間が経《た》った。だが、國分とシャマン・カリヤルとの交流、國分の受け取った手紙に記された、「アナタノチカラワゲンキデスカ」という言葉は、台湾を訪れ、蘭嶼を訪れる私たちに対し、今も語りかける力を持ってはいないだろうか。お互いの世界に入ることが可能になった現在、私たちも蘭嶼の人々に、訥々《とつとつ》とした中国語、場合によってはタオ族の言葉で、「アナタノチカラワゲンキデスカ」と語りかけることはできないだろうか。戦前の國分が、蘭嶼の青年がうたうトビウオ漁の歌に魅了されることから始まった、島の友人との、知る人少ない交友の物語は、台湾という土地を知ることの意味を、現在も語ってくれはしないだろうか。

第二章　平地先住民族の失われた声——平埔族とオランダ統治

考古学少年の蓮霧狩り

一九四二（昭和十七）年春、台南《たいなん》市内に生まれ育った考古学好きの少年が、郊外で、先住民族の末裔《まつえい》を探していた。旧制中学（現在の中学高校に相当）に通っていた少年の名は、葉《よう》石濤《せきとう》（一九二五—二〇〇八年）という。戦後には台湾南部文壇の長老として、一身に敬意を集める作家となったが、中学時代の趣味は発掘だった。日曜日になると教師に引率され、博物同好会の仲間と連れだって、台南市郊外の貝塚や遺跡へと足を運んだ。

まもなく中学五年生になる春、葉少年は台南市郊外の新市庄《しんししょう》に住む友人から、蓮霧《れんぶ》狩りに誘われた。「蓮霧」は台湾でポピュラーな果実の一種で、赤い洋ナシのような形をし、しゃきしゃきとした食感、さわやかで淡白な味を特徴とする。南部が主要な産地で、春になると大きな樹いっぱいに、鈴なりの実をつける。

蓮霧を食べながら、葉少年には、「新市」と聞いて思い浮かぶものがあった。古くから台南市内やその周辺に住んでいた先住民族、「平埔《へいほ》族」の存在である。新市庄には平埔族の一つ、「シラヤ族」の末裔が住む集落があるはずだった。花と果実の甘い香りがただよう中、葉少年は友人に対し、シラヤ族の集落を訪ねようと提案した。

結果からいうと、葉少年の探索は無駄足に終わった。友人はそもそも、シラヤ族なる存在を知らず、ましてや子孫の住む集落など見当もつかなかった。シラヤ族は十七世紀、オランダの文化を受け入れる過程で、多くがキリスト教徒となった。十九世紀後半には、新たに来た宣教師の布教を受けて、ほぼすべて改宗したとされる。葉少年は友人に、住民全員が信徒の集落へ案内してほしいと頼んだ。しかし集落の人々は、容貌がやや特異に見えるのをのぞけば、衣服など外見や話す言葉において、近隣の漢族と何ら異ならないと葉少年の目に映った。かねて聞いてみたいと願っていたシラヤ語は、一言も耳にできなかった。

しかし、新市訪問から半世紀近くのち、日本語を捨て去り、中国語を用いて創作活動をする、初老の作家となった葉石濤は、『シラヤ族の末裔』なる連作小説集を発表する（台北：前衛出版社、一九九〇年）。この小説では、かつて訪れた新市など、台南周辺の平埔族居住地域を舞台に、シラヤ族の女性が大地に根を下して、たくましく生きる姿を描いた。失われつつあったシラヤ族の習慣、伝統、信仰が描き込まれ、また一言も耳にできなかったはずのシラヤ語が、部分的ながら用いられた。

平埔族のシラヤ族はもともと台南周辺に住んでいたが、台湾海峡を渡ってきた漢族によって内陸へと追いやられた。やがて圧倒的な人口の漢族と同化し、独自の文化は消滅の危機に瀕《ひん》した。平地先住民族の失われた声に対する哀悼が、作品には込められている。

旧制中学時代の小さな経験が、半世紀近くの年月をかけて、葉石濤の中で熟成し、注目する人の少なかった、平地先住民族を描く小説となる。言葉を失ったのは、平埔族だけではない。作家自身、言葉の喪失を体験した。日本の敗戦と国民党政権の台湾への移動を経て、一九四九年以降、台湾は国民党政府による独裁のもと、不当逮捕と言論弾圧の「白色《はくしょく》テロ」が支配する時代を迎える。かつて創作に用いた熟達の日本語を、公の場で用いることはかなわなかった。中国語の標準語を必死で身につけ、執筆できるようになるまで、暗い時代を生き延びる忍耐と努力が必要だった。

二十一世紀に入ってから、台南周辺では、シラヤ族の文化を復興する動きが盛んになっている。葉石濤はその先駆者の一人といえるだろう。一九八〇年代末、作家がシラヤ族を描こうとした、決意のもとをたどると、一九四二年春、蓮霧の花が香る台南郊外での、失われた声を求める探訪へと行きつくのである。

台南二中の博物同好会

一九二五年、葉石濤が生を享《う》けた台南は、十七世紀以来、長きにわたり台湾の首府だった。一六二四年、台南地方を占拠して開発を始めたのはオランダだが、一六六二年、鄭成功《ていせいこう》がオランダを駆逐し、台南を本拠地とした。この時期以降、対岸の福建《ふっけん》省南部や広東《カントン》省北部から多くの漢族が新天地を求めて移住してきた。のちに台湾を植民地とした日本人が「内地人《ないちじん》」と呼ばれたのに対し、古くに渡来した漢族は「本島人《ほんとうじん》」と呼ばれる。

台南に住む人々の大半は、この本島人だった。台湾に移住してきた内地人は、台北《たいほく》や高雄《たかお》などに居住区を作った。台南にも内地人の住む一角があったが、圧倒的多数は本島人だった。葉石濤は中学生になるまで、本島人と内地人以外の民族を意識したことはなかった。

「本島人」といっても、中国大陸のどこから移住したかによって違いがあった。福建省南部沿岸地域から来た漢族は、福建の古称「閩《びん》」を用いて、「閩南《びんなん》人」と呼ばれ（「福佬《ホクロー》人」「河洛《ホーロー》人」とも）、中国語の方言の一つ「閩南語」を話した。一方、広東省東部内陸の梅州《ばいしゅう》（梅県）周辺地域から来た漢族は、いわゆる「広東語」を話す「広東人」ではない。台湾へ来たのは、「客家《ハッカ》語」を話す「客家人」である。客家人が中国の内陸各地に散在する経緯は複雑だが、よりよい土地を求め集団で移動するケースが多く、台湾へも閩南人にやや遅れて渡ってきた。閩南人と客家人ではお互い言語は通じず、習慣や文化も大きく異なる。

閩南人が人口のほとんどを占める台南市内では、先住民族はもちろん、客家人を見かけることも少なかった。客家人は故郷の地形に似た内陸の丘陵地帯を拓《ひら》いて集住し、市内からは遠かった。葉少年の場合、高雄へ発掘の遠征をした際に、初めて客家人を目にしたほどだった。ましてや、台南郊外に住む平地先住民族、平埔族については知識さえなかった。

台南第二中学校
出典：『日治時期的台南』（何培齊主編、台北：国家図書館、2007年）

葉石濤が平埔族を知ったきっかけは、博物同好会のメンバーによる考古学の発掘だった。博物同好会を一九三九年に組織したのは、台南第二中学校の教師、金《かね》子壽衛男《こすえお》（一九一四－二〇〇一年）である。台南二中は台南駅の東に位置し、主に台湾人が通う学校で、葉はここの生徒だった。一方、駅の北方には台南一中が校舎をかまえていたが、こちらは主に日本人が通った。のちに民族考古学者となる國分直一《こくぶなおいち》は一中の卒業生である。

東京高等師範学校卒の金子は動物学が専門で、台南赴任後は日曜日や長期休暇を利用して、海辺で貝類などを採集してまわった。また台湾南部には貝塚が数多くあったので、一帯を歩き回って数多くの遺跡を発見し、発掘を行った。金子はこれを、古代人の「ごみため」見学と称した。

葉少年の目に映った金子先生は、痩《や》せて小柄で、度の強い眼鏡をかけ、青白い顔をしていたが、教育や研究に熱意を注ぐ、まじめで穏やかな教師だった。読書にふけって学業を顧みない劣等生の葉石濤に対しても、公平な態度で接した。もともと関心のなかった博物同好会に、日本人の友人から誘われて加わったのも、金子の人柄に対する敬意ゆえだった。

しかし考古学の発掘は、思いがけず葉少年を魅了した。というのも、一九三〇年代後半、台南周辺地域では、遺跡の発見が相次ぎ、発掘ブームが起きていたのである。

台南における考古学ブームを牽引《けんいん》したのは、台南第一高等女学校の教師で、民族考古学者の、國分直一である。國分と金子は専門こそ異なるが、遺跡の発掘では同志だった。二人はしばしば協力して発掘に従事した。これに博物同好会の面々が加わる。葉石濤らは金子に引率され、國分からも教えを受けつつ、週末ごとに郊外の現場へと足を運んだ。文学少年だった葉も熱気に当てられ、いつしか考古学少年となった。

國分直一の記録によれば、日本統治が始まって以来、台湾各地で散発的に考古学の発掘が行われてきた。中でも一九三〇年代後半の、台南周辺における発掘は、國分が台南の旧制中学校や高等女学校に勤める同好の士らと組織的に進めた、本格的なものだった。三八年、國分らが台南台地の東南辺で新石器時代の遺跡を発見して以降、高雄北部の大湖《だいこ》貝塚などで大がかりな調査が行われ、遺跡が続々と発見された。

遺跡発見者の中には、台南二中の博物同好会のメンバーもいた。葉石濤もその一人である。國分の報告書には、遺跡発見者の一人として、その名が五箇所に記されている。中には発見者として、葉石濤ただ一人の名が記された遺跡もある。新たな遺跡発見への期待に胸をふくらませて、台南近郊を歩き回った葉少年は、赫々《かくかく》たる戦果を挙げていた。

発掘に夢中になる中で、葉石濤は平埔族の存在を知る。自らの住む台南に、かつて先住民族が住んでいて、漢族とは異なる生活を営んでいた。しかもその末裔は、現在も台南郊外に存在するという。驚くべき事実を知った葉少年は、自らの住む土地に対する認識を改めることとなった。

平地先住民族・平埔族

台湾の先住民族は、山岳地帯や離島に住む人々と、平地や丘陵地帯に住む人々に、大きく二分される。いずれもオーストロネシア語族に属するが、後者は「平埔族」と呼ばれる。十七世紀にオランダが来航し、つづいて漢族が中国大陸から大量に移民してくるまで、全島の平地や丘陵地帯を生活圏として、狩猟や漁撈《ぎょろう》、畑作などによる生活を営んでいたのは、この

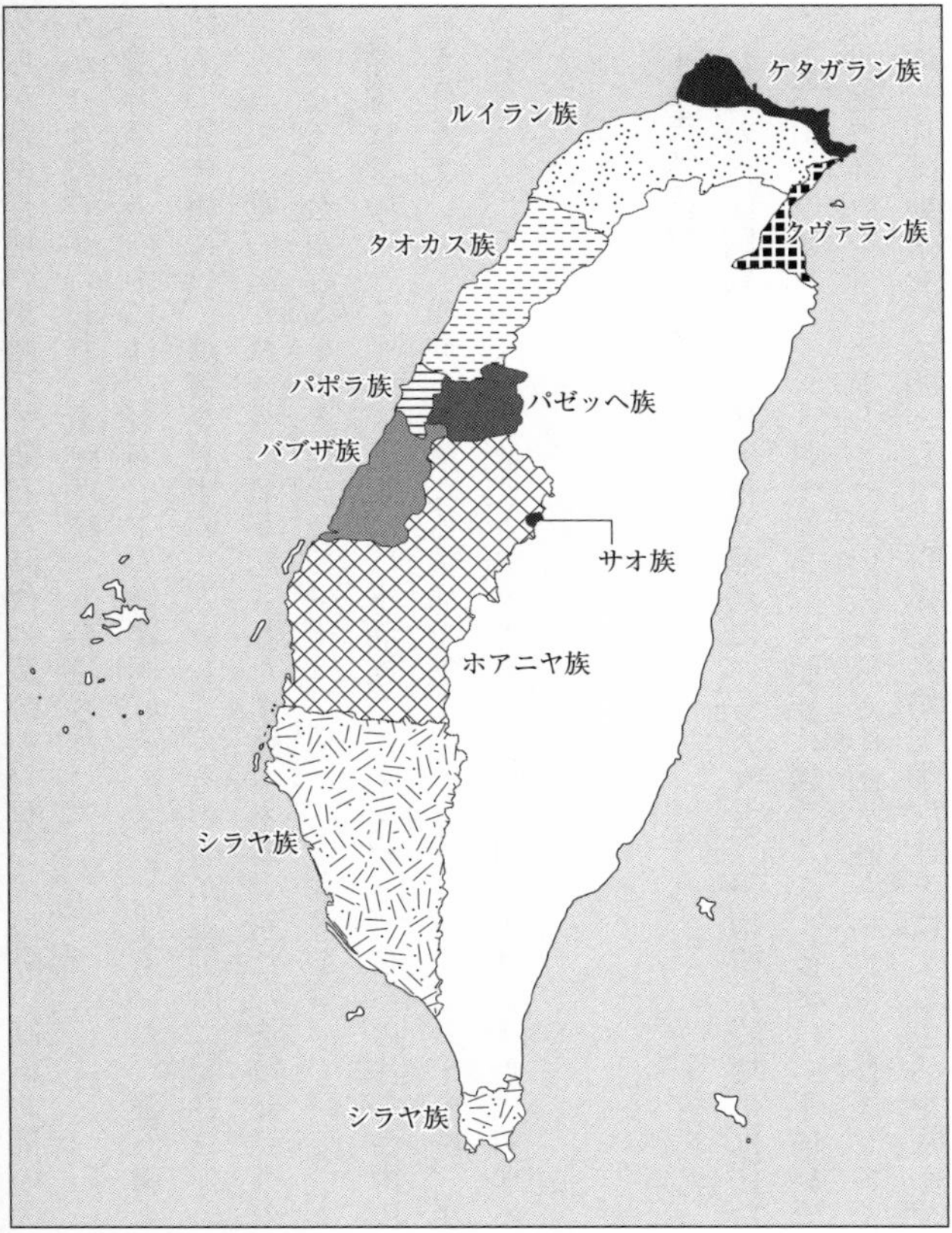

平埔族の（旧）居住地域
出典：『台湾歴史地図』（黄清琦ほか地図作製、国立台湾歴史博物館・遠流、2015年、13頁）を基に作製

平埔族である。

先住民族の分類や認定は容易ではないが、平埔族については、宜蘭《ぎらん》のクヴァラン族、台湾北部のケタガラン族、ルイラン族、新竹《しんちく》周辺のタオカス族、台中《たいちゅう》周辺のパゼッヘ族、パポラ族、彰化《しょうか》周辺のバブザ族、南投日月潭《なんとうじつげつたん》のサオ族、雲林《うんりん》から嘉義《かぎ》にかけてのホアニヤ族、南部のシラヤ族などがいたとされる。現在先住民族として認定されているのは、サオ族とクヴァラン族である。人口は日本統治期を通じて五万人強とされ、五百万ほどの全島人口の約一パーセントに相当した。

全島の平地に居住した平埔族だが、オランダや漢族による平地の開発が進むと、内陸へと追いやられる。また独身男性を中心とする漢族移民との婚姻が進むことで、次第に漢族と同化していった。山地に居住し漢化を拒絶した「生蕃《せいばん》」に対し、「熟蕃《じゅくばん》」と呼ばれた。

オランダが拠点とした当時の台南周辺には、平埔族のうち、シラヤ族が居住していた。シラヤ族は南部に広く居住していたが、中でも台南市周辺には、「四大社」と呼ばれる集落があった。新港社《シンカンしゃ》（新市《しんし》）および大目降社《タバカンしゃ》（新化《しんか》）、目加溜湾社《バクロワンしゃ》（善化《ぜんか》）、麻豆社《マトウしゃ》（麻豆《まとう》）、蕭壠社《しょうろうしゃ》（佳里《かり》）である。いずれも台南市の郊外で、車で三十分から一時間ほどの距離にある。日本統治時代の行政区分では「台南州」に属し、二〇一〇年に市と県が合併して新しい台南市が生まれるまで、戦後は「台南県」に属していた。四大社の中でも新港社の人々は、もともと台南市中心部から海沿いに居住し、もっとも早くにオランダ統治の影響を受けた。

ポルトガル・オランダの来航と澎湖諸島

台湾の先住民族は、蘭嶼《らんしょ》のタオ族をのぞき、航海の技術を持たなかった。しかし十六世紀の大航海時代以降、台湾をめざした外来勢力は、いずれも航海術に長《た》けていた。

ヨーロッパの先進国として、最初に台湾近海へ来たのは、ポルトガルである。アフリカ南端の喜望峰《きぼうほう》、インド洋、マラッカ海峡を経て、東アジアへと到達した。つづいて新興国オランダも同じく東廻《まわ》りで来航し、スペインは大西洋・太平洋を越えて西廻り航路でフィリピン諸島に到着した。さらに台湾海峡をはさんで対岸の中国や、北の日本など、貿易の拠点を台湾に求める勢力が続々と登場する。

香辛料を求めて遠くアジアの海へとやってきたポルトガルは、インドや東南アジアの香辛料のみならず、中国の陶磁器や絹織物、日本の銀など、豊かな物資が流通していることに気づいた。インド西岸のゴア、マレー半島のマラッカ、中国南部のマカオなどを拠点に海上帝国を築き、中国と日本の間の貿易で荒稼ぎをした。福建の東方沖、日本列島の西南に巨大な島があることを、ポルトガルは早くに承知していた。台湾の美称「フォルモサ」（漢字表記は音訳の「福爾摩沙」、もしくは意訳の「美麗島《びれいとう》」「華麗島《かれいとう》」）は、ポルトガル語に由来する。

　ただし、台湾が中継貿易の拠点として有用だと気づいたのは、オランダである。先行するポルトガル同様、インドネシア海域の香料貿易に参入したオランダは、つづいて東アジアの海で仲介貿易に乗り出す。当初、中国南部のマカオやフィリピンのルソン島に拠点を求めようとしたが、両地にはそれぞれポルトガルとスペインが強固な要塞《ようさい》を築いていた。

澎湖島の馬公（旧称媽宮）
出典：『台湾歴史影像』（楊孟哲編著、台北：芸術家出版社、1996年）

一六〇三年、オランダはマカオを攻めたものの、奮戦するポルトガル守備隊の前に敗退した。数次のマカオ攻略に失敗したオランダ艦隊が向かったのは、中国大陸の福建の東、台湾島の西の沖合に浮かぶ、澎湖《ほうこ》諸島である。

　澎湖諸島は、中心都市馬公《ばこう》を擁《よう》する最大の澎湖島、その北側の白沙《はくさ》島、西側の漁翁《ぎょおう》島の三島を中心に、周辺の望安《ぼうあん》島など九十余りの島々で構成される。中心部の三島は現在橋でつながれ、飛行機が一時間以内で台北などと結ぶ。風強く、独特の景観を持ち、漢族が居住した歴史は台湾本島より古い。台湾を代表する映画監督、侯孝賢《こうこうけん》（一九四七年―）の青春映画『風櫃《フンクイ》の少年』（原題は『風櫃来的人』、一九八三年）には、澎湖の風光《ふうこう》が描かれている。

オランダは一六二二年いったん澎湖を占領したものの、まもなく明《みん》朝に追われた。二四年、次の拠点を求めて、台湾南部の台南へと移動する。

オランダによる台南占領

オランダのアジア進出は、一六〇二年設立の「連合東インド会社」（略称は「VOC」）によって進められた。世界最初の株式会社とされ、貿易に従事するだけでなく、軍事力を持ち、現地勢力と条約を締結したり、ときに領土を獲得して植民地を経営した。総督は本国との協議なしに決定権を持ち、「会社」といっても準国家と呼ぶべき存在だった。

オランダのアジアにおける最大の根拠地は、インドネシア・ジャワ島のバタヴィア（現在のジャカルタ）だった。インドネシア東部のモルッカ諸島（マルク諸島）でとれるクローブやナツメグといった香辛料は、ヨーロッパの商人にとって垂涎《すいぜん》の的で、どの勢力もここをめざした。十六世紀初頭に香料諸島を押さえたポルトガルにとってかわり、十七世紀に入るとオランダが支配した。香辛料はバタヴィアに集められ、ヨーロッパへと運ばれた。

アジアで行われていたのは香料貿易だけではない。オランダが澎湖諸島や台南に目をつけたのは、先行するポルトガル同様、中国と日本の間の中継貿易を行うためだった。オランダの日本来航は、ポルトガルに遅れること五十年余りの一六〇〇年である。西廻りでの航海の途中、スペインとポルトガルから散々攻撃を受けたリーフデ号が、命からがら九州豊後《ぶんご》（大分県）に到着した。徳川家康から書状をもらい、日本との貿易を開始しようと、一六〇九年、オランダ船が長崎北部の平戸《ひらど》島に入航する。平戸の大名松浦《まつら》氏から歓迎を受けて、商館を設置し、貿易を開始した。

ゼーランジャ城址（現在の安平古堡）
出典：『日治時期的台南』（何培齊主編、台北：国家図書館、2007年）

　しかしバタヴィアは、中国や日本と貿易を行うには遠すぎた。台湾を押さえれば、中国と日本から商人が荷を携えて来航するのに便利で、またバタヴィアから平戸へ向かう航路の恰好《かっこう》の寄港地となる。オランダは一六二四年、安平《アンピン》にゼーランジャ城（現在の「安平古堡《こほう》」）を、台南市中心部にプロヴィンシャ城（「赤嵌楼《せきかんろう》」）を築いた。台湾にも鹿皮という特産品があり、先住民族が狩り、漢族商人が集めてくるのを輸出した。

一方、ポルトガルの好敵手スペインは、アジアの拠点としてフィリピンを押さえ、オランダに少し遅れて台湾に到着する。一六二六年、最北部の港・基隆《きりゅう》の港外に位置する和平島《わへいとう》に、サン・サルバドル城を建設し、二八年には同じく北部の淡水河《たんすいが》に面した港・淡水に、サン・ドミンゴ城を建設して拠点としたが、やがてオランダに追われて去る。

オランダ統治期はわずかに四十年足らずと、決して長くない。支配地域も安平・台南周辺と淡水の、ごく限られた範囲にとどまる。しかしその統治は台湾の歴史にとって大きな転換点だった。台南周辺の先住民族を武力で屈服させるとともに、キリスト教の布教を進めた。最終的には先住民族のうち半分ほどの、約七万人が支配下に入ったという。また農地を開墾するため、対岸の中国大陸から漢族を移住させた。水田を開いて稲作を行い、サトウキビ園を設けて砂糖の生産を開始した。文字に記された台湾の歴史がここから始まるとともに、先住民族が獲物を求めて駆けめぐる天地が、移民による開墾地へと変化するきっかけを作った。

オランダがプロヴィンシャ城を設けたあたりに住んでいたのが、平埔族の一つ、シラヤ族のうち、「新港社《シンカン》」の人々である。

外来勢力によって居住地を追われた新港社の人々は、台南市内から内陸の新市《しんし》へと移動しつつ、オランダの影響を受けた。宣教師は布教活動を行う際に、新港語をローマ字で記して福音書などを訳した。周辺に住む他のシラヤ族に対しても、新港語を用いて教育を施したとされる。オランダが去った後も、ローマ字表記の新港語は、土地の売買や貸借の契約書などにおいて、百五十年あまりも用いられつづけた。漢字とローマ字でつづられたこの「新港文書」は、今では失われた新港語の貴重な史料とされる。

しかし漢族の流入により、シラヤ族はさらに数次にわたり、内陸への移住を余儀なくされた。また漢族との通婚の結果、独自の文化や言語は徐々に失われていった。十九世紀後半に台南周辺を訪れた西洋人は、シラヤ族を含む平埔族の姿を記録に残したが、二十世紀に入り、日本による統治が進むと、平埔族は急速に姿を消す。台南市内に暮らしていた葉石濤が、平埔族の存在を知らなかったのも無理なかった。

失われた平埔族の声を求めて

一九三〇年代半ば、シラヤ族に関心を抱き、失われた声を追い求める学者たちが現れる。きっかけとなったのは、一九三〇年に台南で開催された、台湾文化三百年の行事である。日蘭関係史を専門とする歴史学者、村上直次郎《むらかみなおじろう》（一八六八—一九六六年）は、当時台北帝国大学の教授で、オランダの台湾植民史に詳しかった。村上が三百年祭で行った講演等をもとに、『台湾文化史説』（台北：台湾文化三百年記念会、一九三〇年）が刊行され、村上の「蘭人《らんじん》の蕃社《ばんしゃ》教化」「台湾蕃語《ばんご》文書」の二篇が収められた。オランダによる教化を紹介した論文と、新港文書を数多く掲載した史料は、台南在住の歴史愛好家たちの好奇心を刺激した。

『台湾文化史説』などに触発されて、一九三六年に実地調査を行ったのが、歴史学者の前嶋《まえじま》信次《しんじ》（一九〇三－八三年）である。東京外国語学校仏語科を経て東京帝国大学で東洋史を学んだ前嶋は、台北帝国大学で助手をしていたが、学閥の争いに敗れて左遷され、一九三二年から台南第一中学校で歴史の教員をしていた。不遇の前嶋は、しかし古都台南の歴史に興味を持ち、地元の『台南新報』などに史実と関わる名文の随筆をしばしば発表した。三六年八月末、のちに葉石濤が訪れる新市でシラヤ族の調査を行い、結果を「シンカン語」（「初春訪古」二－五、一九三七年一月七－九／十二日）に記した。

台南駅から縦貫《じゅうかん》鉄道で北へ二駅、新市駅に降りた前嶋は、現地の人に平埔族集落の場所を尋ねるも要領を得ず、派出所で教えられて集落に向かう。二、三十戸ほどの寂しげな村で前嶋を迎えたのは、耳をぴんと立てて吼《ほ》える犬の群れだった。近所の教会へ向かうと、日曜日の礼拝が開かれており、キリスト教徒である平埔族の人々が集まっていた。牧師を介して古い衣装を見せてほしいと頼むと、老婆が大事そうに風呂敷に包んで持ってきた。

それは、祭りの衣裳《いしょう》であって、瑪瑙《めのう》をつぎ合せた帯、銀の飾りの一杯についた瓔珞《ようらく》の様な頭飾り、生蕃の晴れ着によく似た、しかし、支那風の銀の細工物のついた上着や、頸《くび》飾り、色鮮《あざやか》なスカートの如きもの、すべてこれ等《ら》は、此《この》七十幾歳かの老婆が何十年か昔これを着飾って舞踊したものらしく、また、その老婆の更に先代から持ち伝えたものであろう、形式も面白《おもしろ》し、又中々金目のものでもあった。私は厚く謝意を述べた所、老婆も愉快そうに笑って大切に抱えて去り、又、この陳列を見物した熟蕃《じゅくばん》の子供等は、始終頗《すこぶ》る無邪気に笑いくずれるのであった。

次に、私は、老人等から新港《シンカン》語を抽《ひ》き出そうと努力したが、それは徒労に終わった。彼等は、台湾語以外には話さないのである、しかしこれは無理ない事かも知れない。すでに領台《りょうたい》〔日本統治〕前ごろから新港語は、彼等熟蕃から全く忘れられていたと云うものがある。父祖の言葉を忘却して失う……また哀れむべき感がする。

教会に集まったシラヤ族の人々の容貌に、前嶋は平埔族のあかしを認めた。しかし代々受け継がれたと思《おぼ》しき衣裳をのぞけば、シラヤ族独自の文化の痕跡は発見できなかった。現地の知人にさらなる調査を依頼したが、固有の言語を記憶する者はないとの回答だった。

前嶋の調査は失敗に終わった。しかしこれに刺激を受けて、さらに調査を進めたのが、台南研究の仲間だった、民族考古学者の國分直一である。

國分直一の壺神追跡

國分直一が台南周辺の平埔族の探訪を始めるのは、一九四一年の夏以降である。三五年の蘭嶼訪問から五年余りが経過し、國分の先住民族研究は新たな段階を迎えつつあった。考古学と民族学の成果を重ねあわせ、台湾の複雑な民族構成へと分け入ろうとしていた。

國分も前嶋同様、最初は新市庄に残る、新港社末裔の集落を訪問したが、やはりシラヤ族の言語は見出せなかった。移動の経路をたどって、さらに内陸の新化庄《しんかしょう》知母義《ちもぎ》に至ると、わずかに残る古い習慣を発見できた。先祖伝来の衣服や犬を用いた猪《いのしし》狩りだけでなく、かつて歌われていた「蕃歌《ばんか》」が残っていた。中でも注意を惹いたのは、壺《つぼ》を祀《まつ》る習慣である。

シラヤ族の伝統的な信仰では、祖先の神を祀る祭壇に、「阿立祖《ありつそ》」などと呼ばれる壺を祀った。多くの習慣や言語が失われてしまった今、平埔族の分布系統を明らかにすることは困難だった。しかし壺を祀る習慣は、キリスト教への改宗が進んだ後でも、各地に比較的残されていた。系統的に調査すれば、分布解明の糸口になるのではないかと國分は考えた。

佳里の呉新榮

國分と同時期、漢族の中にも平埔族に関心を抱く人物がいた。台南北郊の小都市、北門郡《ほくもんぐん》佳里街《かりがい》で医院を営んでいた、呉新榮《ごしんえい》（一九〇七―六七年）である。呉は北門郡将軍庄《しょうぐんしょう》出身で、岡山の金川《かながわ》中学を経て東京医学専門学校（現在の東京医科大学）で学び、帰台後は医業のかたわら、地元の文学青年らとともに文化運動を展開していた。

佳里の周辺は、海沿いの痩せた土地ゆえに、「塩分地帯」と呼ばれる。現在では豊かな農地であり、台湾で好んで食べられる虱目魚《サバヒ》（ミルクフィッシュ）の養殖池が一面に広がるが、かつては貧しい地域の一つで、沿岸では製塩が行われていた。日本統治期、台湾の伝統的な巫術《ふじゅつ》である「童乩《タンキー》」は当局により禁止されたが、塩分地帯には根強く残った。しかし刻苦精励の土地柄で、文化面でも経済面でも優れた人材を輩出した。郷土愛の強い塩分地帯の詩人たちは、土地と文学への深い思いを持ち寄り、全島に向けて発信していた。

呉新榮の診察室を、ある日、佳里周辺の遺跡を訪ねて歩いているという、平埔族出身の人物が訪ねてきた。意気投合した二人は、佳里郊外の北頭洋《ほくとうよう》に現存する、シラヤ族の遺跡を訪れる。案内を頼もうと地元の世話役の家を訪れたところ、庭に壺が祀られていた。不思議に思った呉は、壺を祀る習慣について聞きとった。探訪を随筆にして「飛蕃墓《ひばんぼ》」と題し、一九四二年二月、文芸雑誌『台湾文学』に発表した（第二巻第一号、署名は大道兆行）。

シラヤ族の人々は、祭日になると白い服を着て、神なる壺を祀る祭壇に集まる。台湾で広く嗜《たしな》まれる米の酒や檳榔《びんろう》を供えて、歌いかつ舞う。漢族の道教を中心とした祭祀《さいし》とは大きく異なる光景だった。

毎年旧暦の三月二十九日（九月五日にやる所もある）には『阿立祖』の祭日になっている。お祭の当日になると昔では各地に散在している善男善女《ぜんなんぜんにょ》は皆長裾広袖《ながすそひろそで》の大白衫《はくさん》を着て檳榔樹《びんろうじゅ》や榕樹《ようじゅ》の茂《し》げるこの砂丘に集って来るのである。お供えのものは粽《ちまき》と酒と檳榔子《びんろうし》そして菅《すげ》の葉である。『阿立祖』は火の気を嫌うと云うので線香も焚《た》かないし、金紙《きんし》も焼かないと云うのである。式には先《ま》ずそこに備えてある壺に酒を盛り、その中に菅の葉を挿し込むのである、それからその側《そば》に粽や檳榔子を置くのである。

やがて各自はこの菅の葉を抜きて取って頭に巻き、これから壺から酒を汲み出して飲みながら踊り始めるのである。酒を飲んでしまうと今度は檳榔子を噛《か》みながら歌うのである。彼等は歌の声で恋人を呼び彼等は踊りの調子で恋人を求めるのである。

壺を祀る村

平埔族の壺を祀る習慣を追い求めていた國分直一は、文学の愛好者でもあった。『台湾文学』に掲載された呉新榮の随筆を読んで狂喜した。自らが調査の網を投げていた内陸側、台南の東郊ではなく、逆に海沿いの台南北郊に、シラヤ族の壺を祀る古い習慣が思いがけず残されていた。呉新榮が住んでいたのは佳里という田舎町で、その郊外、北頭洋という集落が、シラヤ族の居住地だったのである。

國分は早速呉新榮の住む佳里を訪ねた。診察で忙しい呉の代わりに、地元に詳しい詩人、郭水潭《かくすいたん》（一九〇七－九五年）の協力を得て、日曜日ごとに北門郡の集落を歩き、綿密な調査を行った。一九四二年四月には、栴檀《せんだん》の薄紫の花が香る砂丘に囲まれたシラヤ族の集落で、壺を祀る祭壇を三日間かけて調査した。往診の帰途立ち寄った呉新榮は、國分に向かい、「やあ神様の身体検査ですね」と笑顔で語りかけた。両者の間には敬意が芽生えた。

シラヤ族の祭壇に祀られている壺自体、興味を惹くものだった。中国製の壺と並んで、オランダ人が築いたゼーランジャ城の遺跡を発掘すると出てくるものと同型の壺がここにもあった。中にはビール瓶、グラスゴー製のウイスキーの瓶もあった。壺の数々は、大航海時代に交通の要衝台湾が果たした役割を雄弁に物語っていた。

國分は壺神《こしん》追跡の成果を、「阿立祖巡礼記」上下（『民俗台湾』第二巻第七／八号、一九四二年七－八月）などと題して発表する。やがてこれらの探訪記を戦前に刊行した唯一の書籍、『壺を祀る村――南方台湾民俗考』に収めた（台北：東都書籍、一九四四年）。『壺を祀る村』は戦後になっても長く参照される、貴重な記録となった。

台南周辺の小都市

シラヤ族の習慣が残っていた佳里は、台南北郊の小さな町である。台湾は西部に平地が広がり、最長河川の濁水渓《だくすいけい》を境に、大きく北・中部と南部にわけられる。南部の雲林《うんりん》県から嘉《か》義《ぎ》県市・台南市・高雄市・屏東《へいとう》県にかけては、台湾ではまれな広大な平野で、有数の穀倉地帯である。かつて首府の置かれた台南を中心に、人口稠密《ちゅうみつ》な農村地帯が広がる。

佳里をはじめとする、もと旧台南県に属し、現在は新台南市の郊外に放射状に点在する小都市や、台南に北接する嘉義県・雲林県の町の数々は、いずれも異なる表情を持ち、街歩きが楽しい。台南市内からバスや鉄道を乗り継いで訪れることができる。

シラヤ族が移住した先の新化は、台南市内からバスで三十分ほどの距離にある。かつてここにシラヤ族のうち「大目降社《タバカン》」の人々が居住した。目抜き通りは南部の代表的な「老街《ろうがい》」(歴史的町並み)の一つで、旧新化街役場の建物など、日本統治期の面影が今も残る。新化郊外の知母義に、國分はシラヤ族を訪ねたのだった。

台南市内から北へ、バスで一時間ほど揺られると、呉新榮の住んでいた、佳里の町に着く。初めて来た人は田舎町の意外なほどのにぎわいに驚くことだろう。三百年の歴史を誇る「金《きん》唐殿《とうでん》」なる廟《びょう》があり、廟の前が市場となっていて、路上に野菜や果物などの食料や日用品を

台湾南部（濁水渓以南）の拡大地図

売る店がひしめく。町中から車で北へ十分も走ると、かつてシラヤ族のうち、「蕭壠社《しょうろう》」の人々が居住した、北頭洋に着く。ここに今も平埔族の祭祀を行う「立長宮《りっちょうきゅう》」があり、近くには伝統的な祭祀場が設けられている。

佳里から東へ向かえば、麻豆《まとう》に着く。台湾で麻豆といえば名産の果物ザボンが連想されるが、ここにはかつてシラヤ族の「麻豆社《マトウ》」があった。新化と同じく老街があるが、観光用の化粧などは施されておらず、さびれ、昔日《せきじつ》のにぎわいをしのばせる。佳里から北に向かえば、笛を載せた鳩の飛ぶ距離を競う「放鴿笭《ほうこうれい》」の行事が盛んな、学甲《がくこう》に至る。さらに北へ行くと塩水《えんすい》の町があり、元宵節《げんしょうせつ》に悪疫《あくえき》を払うため爆竹を盛大に鳴らす、「蜂炮《ほうほう》」の行事で有名である。かつて水運で栄えた塩水には日本統治期の建物「八角楼《はっかくろう》」が残り、台湾の古い町の雰囲気を感じることのできる南部の典型的な小都市である。

学甲に戻って西へ、沿岸地帯へと向かえば、北門に至る。ここは台湾で人気の道教の神、「王爺《おうや》」を祀る、全島でも最大規模の廟、「南鯤鯓代天府《なんこんしんだいてんふ》」がある。台南の廟を調べた前嶋信次はこの廟について、「満目荒涼《まんもくこうりょう》とした寒村であるが、ただその一隅に妍爛《けんらん》たる南鯤鯓廟があることは、偶然この地を訪れる者にとっては一つの驚異」だと記した(「台湾の瘟疫神《おんえきしん》、王爺と送瘟《そうおん》の風習に就《つ》いて」『民族学研究』第四巻第四号、一九三八年十月)。

嘉義から雲林へ

旧台南県の北に接するのは、北回帰線の通る嘉義県・嘉義市で、さらに北に雲林県がある。いずれも日本統治期には台南州に属した。南の高雄から雲林にかけては、オランダ時代に開発が始まった土地で、漢族の移民たちが故郷の神々を奉じつつ開墾を進めた。

十七世紀以来の歴史を持つゆえに、台南・嘉義・雲林のいずれにも、全島に信者を持つ廟を擁する町がある。嘉義県の朴子《ぼくし》には「配天宮《はいてんぐう》」があり、新港《しんこう》には「奉天宮《ほうてんぐう》」がある。奉天宮は海の安全をつかさどる女神「媽祖《まそ》」を祀り、同じく媽祖を祀る台中市大甲《だいこう》の「鎮瀾宮《ちんらんぐう》」から、年に一度「進香《しんこう》」といって、信者が巡礼を行う。規模の壮大さは有数で、台湾は信仰の島だと痛感させる。海沿いの東石《とうせき》は、童乩《タンキー》など古い習慣の残る町である。明治時代の日本人警官を「義愛公《ぎあいこう》」なる神として祀った廟が有名で、國分が調査に訪れたこともある。

嘉義県に囲まれた嘉義市は、阿里山《ありさん》観光の起点として知られるが、日本統治期には南部で台南に次ぐ繁華な街で、さかのぼれば清朝統治期に諸羅《しょら》県の置かれた由緒ある都市である。野球が好きな人は、一九三一年夏の甲子園大会で準優勝した、嘉義農林学校を連想するかもしれない。日本人監督が率い、漢族や先住民族の選手が活躍した野球部の雄姿は、『ＫＡＮＯ　１９３１海の向こうの甲子園』として映画化された（馬志翔《ばししょう》監督、二〇一四年）。

嘉義の北の雲林県には、「朝天宮《ちょうてんぐう》」を擁する北港《ほっこう》の町がある。朝天宮は媽祖を祀る廟として、台湾でもっとも信仰を集める。北港はいわば門前町であり、濃厚な宗教都市の空気をかもす。雲林の最北部、濁水渓のすぐ南岸には、醬油で有名な西螺《せいら》の町がある。古いたたずまいを残す西螺の延平《えんへい》路は、これまた南部の代表的な老街の一つである。

嘉義や雲林とは逆に、台南から南下し、さらに南部の小さな町を訪ねるのも楽しい。高雄には、台南や嘉義と並ぶ歴史ある町、左営《さえい》や鳳山《ほうさん》があり、城壁や城門などの旧跡を見て回ることができる。山地へと通じる要衝の旗山《きざん》は老街とバナナで観光客を集め、客家人の住む美しい町美濃《みのう》もある。屏東県には、豚足《とんそく》で有名な萬巒《ばんらん》、広東省東部沿岸の潮州《ちょうしゅう》出身者が作った潮州などの小さな町があり、港町東港《とうこう》にも老街がある。さらに南に下れば、台湾きってのリゾート地、墾丁《こんてい》が待ち受ける。台湾本島で南国の風光に接したければ、墾丁の南端、猫《びょう》鼻頭《びとう》や鵝鑾鼻《がらんび》の臨海公園を散策すればいいが、墾丁の町は観光地でシーズンの週末は若者でごった返す。落ち着いて街歩きを楽しむなら、最南部の小都市、恒春《こうしゅん》には城門などの古跡が残る。ここは二〇〇八年に公開されて大ヒットした、魏徳聖《ぎとくせい》監督の映画『海角七号《かいかくななごう》——君想う、国境の南』の舞台でもある。

国際都市台北を見た後に、古都台南を訪れると、濃厚な台湾の空気とはこういうものかと感じられるが、台南市内をあとに、雲林・嘉義・台南・高雄・屏東に散在する小都市を訪れると、台南でさえ観光地化された現代都市に思えてくる。これら小さな町は、一見すると海峡を渡った漢族による開墾地のフロンティアだが、その地層には、古くからこの地に住んだ平地先住民族の記憶が刻まれている。シラヤ族の痕跡が失われかけていた一九三〇年代、台南という土地に対し深い愛情を持つ人々によって、地層は発掘されつつあった。

シラヤ族の言語を記録にとどめる

日本統治期に進められた、先住民族に対する人類学の研究は、「高砂族」、つまり山地や離島に住む先住民族に重点が置かれていた。調査には統治上の要請があった。また、何千年と変わらぬ生活を送っていた「高砂族」に対する研究は、近代日本の人類学者たちにとって、研究上の一大領域だった。未開拓の沃野《よくや》に魅せられて、台北帝国大学に設けられた人類学の研究室、「土俗学教室」には、優秀な人類学者が集まり、大きな成果を挙げた。

その一方で、平埔族に対する調査は、限られた成果しかなかった。台湾が日本の植民地となった十九世紀末の時点で、平埔族の文化はすでに消滅の危機に瀕していた。また漢族との同化が進んでいる以上、統治の上で調査の必要もなかった。日本統治初期の記録には平埔族がしばしば登場するものの、一九三〇年代ともなると、オランダによる台湾統治史などの歴史的研究をのぞけば、話題になることも少なかった。

そんな中で、國分直一の研究は現在読んでも面白く、達意の文章による調査記録には、失われたと思われていたシラヤ族への深い思いがある。シラヤ族の文化や言語は、完全に失われたわけではなかった。信仰は生き残り、言語の継承を願う人がいた。

一九四一年夏、國分が新港社の末裔が住む新化の知母義を訪ねた折には、歌い継がれてきた「蕃歌」を聞くことができた。近隣の崗仔林《こうしりん》から来たシラヤ族の末裔、鄂朝来《がくちょうらい》が朗々と声を張り上げて歌い、音頭をとると、集まった婦人たちも手をつないで踊りふけった。一見漢族のそれと何ら変わらない集落で、台湾服を着て、台湾語を話す人々が見せてくれた、シラヤ族の古い踊りは、國分を驚かせた。

古い歌の歌詞を教えてくれる人もいた。近隣の礁坑仔《しょうこうし》から駆けつけた傅祥露《ふしょうろ》は、「蕃歌」の歌詞を、ローマ字と漢字を混ぜて記した、貴重なノートを見せてくれた。シラヤ族の末裔である傅祥露は、「自分たちは祖先の歌を忘れている。歌の言葉がどういう意味を持つかわからなくなっている」と悲しんだ。歌はもちろん、言葉も消滅しつつあった。しかしそんなことを悔やむ人はいなかった。傅氏は「平埔族の言葉が死滅してしまったことを慨《なげ》く殆《ほと》んど唯一のこの地方に於ける知識人」だった。

傅祥露は後日、わざわざ台南の國分のもとを訪ねてきた。失われつつあるシラヤ族の語彙《ごい》を、ローマ字や漢字を用いて収集し記録することに、傅氏は十数年の月日を費やしてきた。國分の人柄を信じて、その貴重な語彙ノートを持参したのである。國分の胸は熱くなった。

「傅氏採集平埔族語彙集」は、國分の書籍『壺を祀る村』に収録された。「語彙集」はたった四頁にすぎず、語彙の数も二百に満たない。わずかに残る言葉のしずくを、両手で大切にすくい集めたような、小さな記録だった。

壺神に魅入られて各地を奔走した國分だが、一九四三年五月、台南を離れて台北師範学校へと赴任する。翌年『壺を祀る村』を刊行し、フィールドを台湾全島へと広げていく。平埔族研究はいったん終わりを告げた。

しかし國分の平埔族研究には、共感を寄せる台湾の人々がいた。「せめて台南地方のシラヤ（Siraya）のことだけでも探って、まさに消滅せんとする魂の片鱗《へんりん》なり、習俗なりの一片でも採集しておきたい」（「平埔族聚落《しゅうらく》を訪ねて――新市庄新店採訪記」『民俗台湾』第一巻第六号、一九四一年十二月）という願いは、戦後、呉新榮や葉石濤らによって継承されることになる。

戦後のシラヤ族研究

塩分地帯の医者・文人だった呉新榮は、平埔族の壺を祀る習慣を通して、國分直一と交友を深めた。呉の妻が急逝したとき、國分は台南市内から花束を手に駆けつけた。東京留学中、左翼運動に関わった呉にとって、日本人の知り合いといえば、たびたび動静をうかがいに来る、特別高等警察などの官憲だった。日本による台湾統治に対し強烈な反感を抱き、文化運動の名の下で民族運動を行っていた呉も、國分の誠意を徳とした。実は國分も、京都帝国大学で学んでいたころ、左翼運動に関わり、逃れるように故郷の台湾へ戻ってきた経験があった。國分の去った後、シラヤ族研究を牽引したのは、呉新榮である。

平埔族への関心を共有する台湾人は他にもいた。『壺を祀る村』の序文で、國分が謝意を記した、郷土史家の石暘睢《せきようしょ》(一八九八―一九六四年)と荘松林《そうしょうりん》(一九一〇―七四年)は、台南研究の師であり友だった。石暘睢は台南史研究の生き字引のような存在で、國分や前嶋信次のように台南研究を志した日本人の指南役を果たした。一方荘松林は、若いころ民族運動に関わり、官憲から弾圧を受けて苦汁《くじゅう》をなめた。やむなく転じて文学や民俗研究に没頭したが、前嶋の台南研究に注目して交流が始まり、やがて國分とも交わりを持った。

日本の敗戦を経て、台湾は祖国に復帰した。しかし一九四〇年代後半は、日本統治期を経験した台湾人にとって、苛酷な時代の再現だった。四七年に起きた「二・二八事件」など、衝突や弾圧がつづく。台湾人が見た夢はいったん潰《つい》えた。知識人たちは政治活動から遠ざかるほかなかった。

台南北郊の佳里で名士だった呉新榮も、戦後地元の政治に関わり、国民党政府の弾圧を受ける。戦前に日本の官憲から圧迫されて、政治を避け、文学や民俗研究などの文化運動に従事した呉は、戦後を迎えても、地方史に沈潜《ちんせん》するほかに選択肢はなかった。一九五〇年代、台南県在住の呉新榮と、台南市内に住む荘松林らは、年かさの石暘睢と語らい、郷土研究を開始する。台南県から刊行された郷土研究の雑誌『南瀛《なんえい》文献』には、政治とは無縁の、台南の歴史や民族と関わる論考が数多く発表された。

呉新榮や荘松林らは、台南県各所を探訪した記録を、「採訪記」として雑誌に連載した。一九五二年十二月六日以降、毎週末のように轡《くつわ》を並べて台南各地をあまねく歩き、古老に会い、古跡を調べた。二度目の探訪で、かつて國分が調査した新化の知母義に立ち寄った呉は、ここが平埔族の「蕃社」であったことを思い浮かべる。四度目の探訪で、かつての平埔族の土地契約書、いわゆる「新港文書」を見て、いっそう関心を深めた呉は、台南史研究の柱の一つとして、平埔族研究を据える必要があると考えた。

一九五三年九月十八日、呉新榮らはかつて前嶋信次や國分直一、そして葉石濤も訪れた、新市のシラヤ族末裔の集落を訪ねた。十月十二日、旧暦の九月五日には、シラヤ族の祭りが行われると聞いた、台南北部、東山《とうさん》の吉貝耍《きつばいさ》を訪問する。期待に反し、集落の人々は祭壇の前で歌い踊ることもなく、祭りは小規模で簡略なものとなっていた。戦争中に総督府が進めた「皇民化運動」の結果だという。呉新榮が彼らの宗教や祖先、生活について問うても、住民たちは「平埔蕃」と呼ばれることを嫌がって、答えようとしなかった。

郷土史の雑誌における、呉新榮、石暘睢、荘松林らによるシラヤ族の調査は、その後もつづけられた。また台湾の学術界でも平埔族研究が開始され、言語学や人類学の面から、より科学的な研究が進められた。平埔族に対する注目は、細々と、しかし確実につづいた。

「台湾人」の象徴としての平埔族

一九八〇年代に入ると、台湾に民主化の足音が聞こえてくる。八七年に戒厳令が解除され、言論や結社の自由が保障されると、雪どけは一気に進んだ。八八年蔣介石の息子で総統（大統領に相当）の蔣経国《しょうけいこく》が死去し、副総統であった李登輝《りとうき》が総統に就任してからは、民主化のみならず、「本土化」も加速した。

「本土化」とは、台湾に住む人々が、中華民国の国民としてではなく、「台湾人」としての意識を持ち、台湾という土地の文化を見つめ直す動きである。台湾に住む人々が、日本統治期や国民党統治期を経て、日本人でも中国人でもなく、自らは「台湾人」だとの意識を持つに至っていた。葉石濤もその一人で、台湾文学史の執筆など、旺盛《おうせい》な文学活動は、台湾における文学の「本土化」を強く推し進めた。

冒頭で触れた一九九〇年刊行の『シラヤ族の末裔』は、葉石濤の代表作の一つである。日本統治期から戦後までの歴史を背景に、台湾という土地に根差して生きる人物として、シラヤ族の女性、銀花《ぎんか》の生涯を描き出した。物語は三月の新市、蓮霧畑へ狩りに来ていて負傷した、台南市内の裕福な漢族の息子を、シラヤ族の少女銀花が助けた。かつて葉少年が訪れた土地、季節である。二人の間に愛が芽生え、銀花は台南へと嫁ぐ（中島利郎訳『シラヤ族の末裔・潘《はん》銀花』研文出版、二〇一四年、二二頁）。

銀花も二少爺《アルシャオイエ》〔若旦那〕に自分たち一族の言葉を教えたが、あまり知識がなかったので全面的にはしゃべれず、ただZarun（水）、Uran（雨）、Tabin（靴）、Baun（海）、Baraitun（スカート）などの単語のみをしゃべることができた。他に銀花は、一族の四方歌を歌うことができた。彼女が歌うと、部屋の中には古代台湾の大自然の息吹《いぶき》が充満した。

『壺を祀る村』にはじまる國分直一の著作を、葉石濤は戦後も読みつづけた。葉の小説には、國分の五十年近く前の調査の成果が随所で生かされている。傅祥露の集めた語彙集は、シラヤ語を復元する上で役立った。

「銀花」という主人公の名前は、國分が新化の知母義で出会った、シラヤ族女性の名前である。銀花は、かつて國分が耳にしたように「蕃歌」を歌い、シラヤの言葉をわずかながら話

葉石濤

出典：『葉石濤全集20　資料巻』（彭瑞金主編、国立台湾文学館・高雄市政府文化局、2008年）

した。シラヤ族の末裔であることは、台湾に住む人間としての誇りでもあった。忘却されていた、あるいはそもそも存在しなかった「伝統」が、近代化の過程で「創造」されることはままある。「平埔族」を語るのも、いわゆる「伝統の創造」の一つともいえる。しかし平埔族の存在が、台南の地層を掘り下げれば迸《ほとばし》り出る水脈の一つであるのも、これまた事実である。水脈は、時間をかけて、再び地上に達した。

かつてシラヤ族は、漢族の侵入を受けて内陸へと移住を余儀なくされ、「熟蕃」とさげすまれ、日本統治期には急速に姿を消しつつあった。しかし台湾の民主化や本土化が進む一九八〇年代以降、シラヤ族の文化は見直され、シラヤ族を名乗る人々が現れ、二十一世紀に入ると急速にその存在感を増した。細々とつづけられていた祭りは復活し、現在では佳里区の北頭洋のみならず、東山区の吉貝耍や大内《だいない》区の頭社《とうしゃ》などで熱心に行われている。

一九四二年春、蓮霧の甘い香りに包まれた、平地先住民族の探索は、失敗に終わった。しかし葉少年を導いた、前嶋信次や國分直一の探索のバトンは、呉新榮や荘松林によって受け継がれ、初老の作家となった葉石濤に渡された。失われたと思われたシラヤ族の声が、再び台南の地で響きはじめる。平埔族こそ、多元的な台湾社会を体現する存在だということを考えれば、シラヤ族が舞い歌う声は、いくつもの民族が集まって作り上げた、台湾という土地の歴史を象徴する声でもあった。

第三章　台湾海峡を渡って——港町安平の盛衰と鄭成功

台南の外港・安平

一九二〇（大正九）年夏、古都台南《たいなん》の外港・安平《アンピン》を、ある日本の若い作家が訪れた。大正文学を代表する作家の一人、佐藤春夫《さとうはるお》（一八九二―一九六四年）である。一九一七年、「病める薔薇《そうび》」（代表作『田園の憂鬱』の一部）で文壇に登場した佐藤は、矢継ぎ早に傑作を発表し、わずか数年間で同い年の芥川龍之介《あくたがわりゅうのすけ》と並ぶ人気作家となりつつあった。

しかしこの時期、佐藤は恋愛問題に苦しみ、極度に疲弊していた。傷ついた心を持てあました佐藤は、たまたま帰省した故郷新宮《しんぐう》で、台湾で歯科をいとなむ旧友から、遊びに来ないかと誘われる。心動かされた佐藤は、七月六日、台湾北部の港町、基隆《きりゅう》に上陸した。

旧友が医院をかまえるのは南部の港湾都市、高雄《たかお》だった。十月十五日に帰国の途につくまでの約三か月のうち、半分ほどを南部にすごした。その間、南部最大の都市、台南へも複数回足を運んだ。台南の街中からさらに外港安平までは、現在なら車で十五分ほどである。

佐藤春夫の恋愛問題とは、年上の友人、谷崎潤一郎《たにざきじゅんいちろう》（一八八六―一九六五年）の妻、千代《ちよ》（一八九六―一九八二年）に対する横恋慕《よこれんぼ》だった。佐藤にとって谷崎は、文壇へと導いてくれた恩人だった。しかし谷崎は、気に入らない妻につらく当たった。谷崎家に出入りし、しとやかな千代の置かれた悲しい立場を目にするうち、不憫《ふびん》はいつしか思慕《しぼ》へと変わる。しかし谷崎は貞淑な妻を嫌悪しながらも、離縁に踏み切らない。複雑な感情のもつれから逃れるのは困難だった。佐藤の神経は極度に高ぶり、頭の芯《しん》まで疲れきった。南国台湾に行くことで、生まれ変わりたいと願った。

だが、ひと夏を台湾ですごし、ときに台湾海峡を越えて厦門《アモイ》へ渡り、ときに先住民族の住む山地へと分け入っても、佐藤の脳裏《のうり》に浮かぶのは恋しい人のおもかげだった。台湾の風光に身を置いて、心はいっそう傷《いた》み、頭はかえって冴《さ》えた。

帰国した佐藤春夫は、五年後の一九二五年、生涯の傑作の一つ、「女誡扇綺譚《じょかいせんきたん》」を発表する（雑誌『女性』、一九二五年五月。単行本は第一書房、一九二六年二月）。小説に描いた港町安平の姿は、作家の心象風景でもあった。


人はよく荒廃《こうはい》の美を説《と》く。（中略）しかし私はまだそれを痛切に実感した事はなかった。安平へ行ってみて私はやっとそれが判《わか》りかかったような気がした。そこにはさまで古くないとは言え、さまざまの歴史がある。この島の主要な歴史と言えば、蘭人《らんじん》の壮図《そうと》、鄭成功《ていせいこう》の雄志《ゆうし》、新しくはまた劉永福《りゅうえいふく》の野望の末路も皆この一港市に関連していると言っても差支《さしつかえ》ないのだが、私はここでそれを説こうとも思わないし、（中略）私には出来そうもない。私が安平で荒廃の美に打たれたというのは、又必ずしもその史的知識のためではないのである。

安平と台南を舞台に、廃屋で起きた台湾人男女の悲劇を描く、探偵小説仕立ての「女誡扇綺譚」は、主人公が語るように、歴史を描いてはいない。とはいえ、台湾人の友人の述懐や、廃屋をめぐる怪奇譚、さらに主人公が突きとめる事件の真相を通して、佐藤春夫の見た植民地の現実が書き込まれている。「荒廃の美」から立ちのぼるのは、史実にまつわる壮大なロマンではなく、自らも心を傷めるがゆえに見通した、植民地支配下の台湾に住む人々、中でも意志に反した結婚を強いられる、台湾人女性たちの悲劇だった。

その意味では、歴史を描く意図の有無にかかわらず、「女誡扇綺譚」は結果として、日本統治期の一こまを描いたといえる。「蘭人の壮図」「鄭成功の雄志」「劉永福の野望」、そして台湾を橋頭堡《きょうとうほ》とし、南方へと進出をはかった大日本帝国の野心は、今やさびれた廃港となった安平を舞台の一つとしてくり広げられ、やがて潰《つい》えた。

バタヴィアから安平・台南、平戸へ

台湾海峡に面した南部の港町安平は、かつては北部の淡水《たんすい》、中部の鹿港《ろっこう》と並んで、台湾の重要な港だった。山岳や丘陵の多い台湾で、最大の平野である南部の嘉南《かなん》平原を後背地とする安平は、ヨーロッパの新興国オランダが砦《とりで》を築いて以来、台湾と外部の世界をつなぐ、もっとも重要な港として繁栄した。

台湾の歴史を見てきた安平には、数々の史跡が存在する。中でも著名なのは、海峡へと突き出た砂州《さす》の上に、オランダ人が築いた城塞、「ゼーランジャ城」（現在の「安平古堡《こほう》」）である。アジアの海上貿易を牛耳《ぎゅうじ》るポルトガルに対抗して、オランダはインドネシアのバタヴィアに拠点を置き、さらに中国と日本の間の貿易に参入しようとした。しかし商館を置いた日本の平戸《ひらど》とは遠く離れている。両地を結ぶ航路上に寄港地を確保する必要があった。そこで目をつけたのが台湾である。一六二四年、安平に砦を築き、つづいて対岸の台南の地に「プロヴィンシャ城」（「赤嵌楼《せきかんろう》」）を設けた。これで、バタヴィア－安平－平戸とつながる、東アジア貿易における幹線航路ができ、また台南は台湾統治の根拠地となった。

長崎県の北西に位置する平戸島は、台湾とも縁の深い土地である。平戸の領主松浦《まつら》氏は海

外貿易に積極的で、一五五〇年のポルトガル船来航以来、南蛮貿易に乗り出した。同地には布教のため、フランシスコ・ザビエル（一五〇六－五二年）も訪れた。しかしポルトガルは、一五六一年貿易の拠点を島外へと移す。十七世紀に入って新興のオランダやイギリスが来航すると、藩主松浦鎮信《しげのぶ》（一五四九－一六一四年）は商館の設置を認め、貿易を再開した。一六二〇年代、オランダ船はインドネシアのバタヴィアから、安平を経て、平戸へと来航した。これらの港は、当時のヨーロッパにおける金融の中心、アムステルダムと海でつながっていた。

赤嵌楼（プロヴィンシャ城址）
出典：『日治時期的台南』（何培齊主編、台北：国家図書館、2007年）

　ただし、オランダの平戸時代は長くつづかない。リーフデ号で日本に到着した英国の航海士、ウィリアム・アダムス（三浦按針《みうらあんじん》、一五六四－一六二〇年）も住んだ平戸だが、東アジアから撤退した英国は一六二三年に商館を閉鎖する。四一年、オランダ商館はポルトガルが追い払われた後の長崎へと移動させられた。玄界灘《げんかいなだ》と東シナ海に臨む美しい小島、平戸

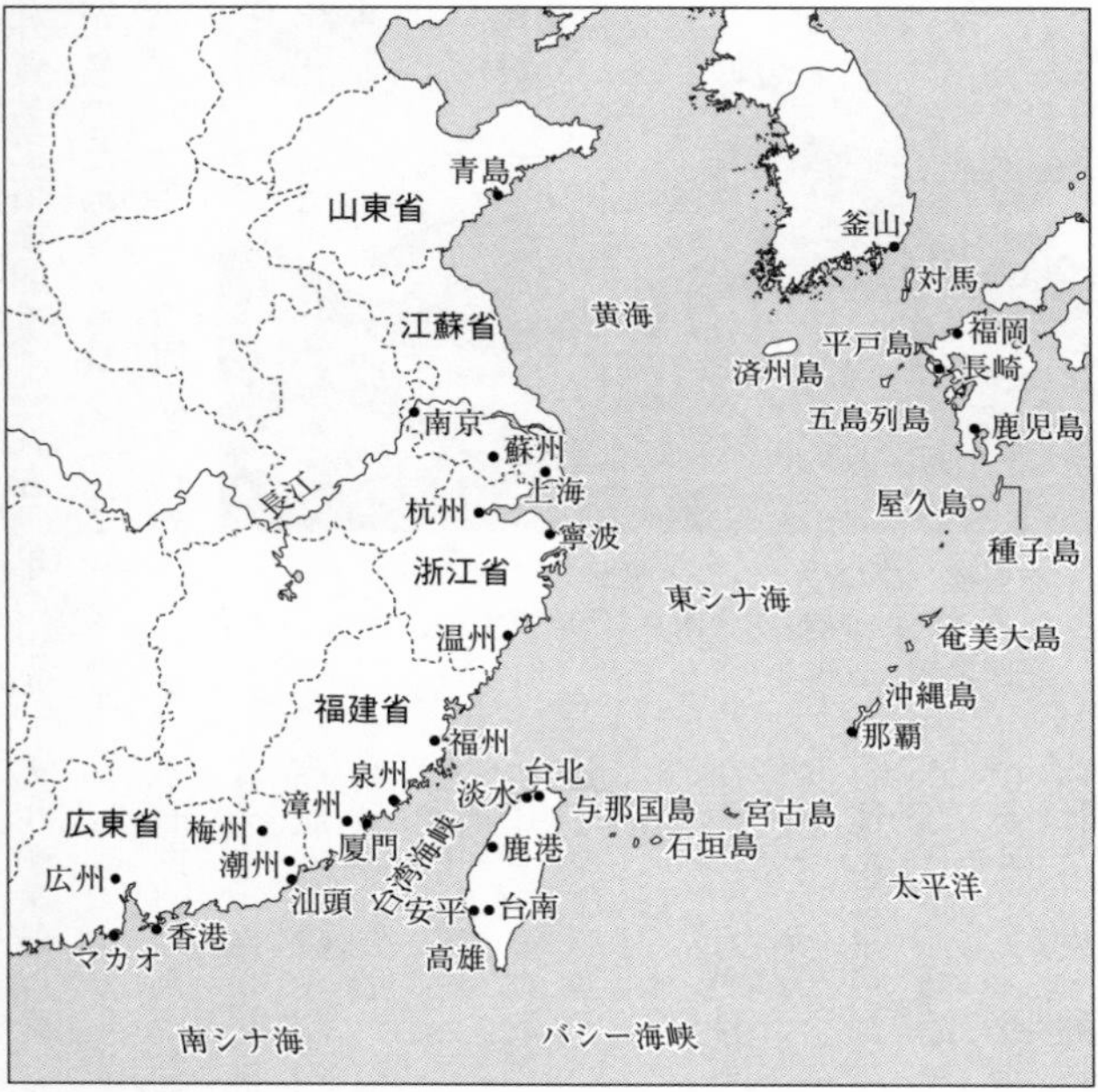

日本九州・中国沿岸部・台湾の広域地図

の海外貿易による黄金時代は終焉《しゅうえん》を迎えた。

オランダの台湾経営は、当初は貿易の拠点に限定されていたが、やがて台南周辺に居住する平埔《へいほ》族のシラヤ族を支配下に収め、さらに対岸の福建《ふっけん》省から漢族を移住させ、稲作やサトウキビの生産を開始した。これ以降、漢族が台湾海峡を渡って大量に移民し、やがて人口の多数を占めるに至る。

中国の海商たち

平戸は南蛮貿易だけでなく、鄭成功（一六二四－六二年）生誕の地としても知られる。台湾と関係する人物のうち、中華民国の元総統、李登輝《りとうき》（一九二三年－）や、アジアの歌姫、テレサ・テン（鄧麗君《デン・リージュン》、一九五三－九五年）と並び、日本でもっとも知られる英雄だろう。

大航海時代、ポルトガルやスペインなどヨーロッパの海洋国家は、東廻りもしくは西廻りでアジアの海へと進出した。しかしポルトガルが喜望峰《きぼうほう》からインド、マレー半島を経て、一五一三年に中国へと到着する以前の、十五世紀前半、アジアの海で大航海を行ったのは、鄭《てい》和《わ》（一三七一－一四三四年）である。明《みん》朝の第三代皇帝、永楽帝《えいらくてい》（一三六〇－一四二四年）に仕えた宦官《かんがん》の鄭和は、帝の命を奉じて南海へ遠征する大艦隊を指揮し、七度の航海を行った。航跡は東南アジアからインド沿岸、アラビア海から東アフリカ沿岸に及ぶ。

倭寇《わこう》の跋扈《ばっこ》に悩まされた明朝は、外国との貿易を朝貢形式に制限し、海外渡航や貿易を禁じる海禁政策をとっていた。鄭和の大航海は、版図の拡張をめざした野心家の永楽帝による、例外的なものだった。しかし物資のあふれる東アジアの海では、海禁を無視して、倭寇のみならず、「海商」と呼ばれる武装した中国の商人や海賊が広汎《こうはん》に活動していた。倭寇の実態も十六世紀になると、中国の海賊が多くを占めたとされる。十六世紀後半には海上勢力の列に新参のポルトガルやオランダが加わって、東アジアの海はいっそうの活況を呈する。

海禁政策下、東アジアの海で活動する中国の海商は半ば海賊でもあった。中国沿岸の半島や離島、日本では九州の島々など、明朝の版図外に拠点を求めるほかなかった。長崎の平戸島や五島《ごとう》列島は、オランダのみならず、中国の海商・海賊にとっても有力な拠点となった。これらの港から浙江《せっこう》省の寧波《ニンポー》や福建省の泉州《せんしゅう》や漳州《しょうしゅう》、広東《カントン》省の広州《こうしゅう》などの貿易港へ向かい、付近の離島などで密貿易を行った。代表的な海商に、王直《おうちょく》（?—一五五九年）がいる。五島や平戸を拠点に密貿易で富を築き、海上勢力を率いて官軍を破った。一五四三年、ポルトガル人の乗る船が種子島《たねがしま》に着き、鉄砲を日本へ伝えた際にも、王直は同船していたという。

台湾も密貿易の拠点の一つとなった。十六世紀半ばには、林道乾《りんどうけん》や林鳳《りんほう》といった海賊が台湾に拠点を設けたことがある。オランダの来る前から、先住民族が住む以外に、中国の海賊や海商、日本や琉球《りゅうきゅう》を含む各地の商人たちも、台湾へ来ていたのである。

一方、日本は一五九二年から、豊臣秀吉（一五三七－九八年）が海外渡航を許可する「朱《しゅ》印状《いんじょう》」を発行して、公認の海外貿易を行った。博多の貿易商で長崎代官の末次平蔵《すえつぐへいぞう》（一五四六－一六三〇年）は、朱印船を台南にも送った。末次の朱印船船長、濱田弥兵衛《はまだやひょうえ》（生没年不詳）が、一六二八年、安平でオランダの台湾行政長官ピーテル・ノイツ（一五九八－一六五五年）を人質にし、腕ずくで関税撤廃を迫った事件は、日台関係史を彩る事件の一つである。

平戸に生まれた鄭成功

朱印船貿易には中国の商人も従事した。李旦《りたん》（？－一六二五年）、顔思斉《がんしせい》（一五八八－一六二五年）といった平戸在住の海商たちである。オランダが台湾に来た一六二四年ごろ、顔思斉は平戸を去って安平や台南に拠点を設けていたという。朱印船貿易は、将軍徳川家光（一六〇四－五一年）の治下、一六三五年にすべての海外渡航が禁じられるまでつづいた。

鄭成功の父、鄭芝龍《ていしりゅう》（一六〇四－六一年）もこうした海商の一人だった。福建省の古い港町泉州の出身で、李旦や顔思斉の死後、勢力を引き継いだ。東シナ海を狭しと活躍した貿易商であり、海賊でもあった鄭芝龍が、平戸に住んでいた折、日本人女性の田川マツを娶《めと》る。二人の間に生まれたのが鄭成功である。

鄭芝龍の活動していた十七世紀前半、中国大陸では大きな政治的変動が起きていた。二百五十年以上つづいた明朝が、新たに勃興した満洲族《まんしゅう》の清朝《しん》によって圧倒されつつあった。一六四四年、明朝が滅びると、清朝は中国全土の制圧をめざし各地に軍を送った。鄭芝龍は当初、明朝の亡命政権に仕えていたが、やがて清朝に降伏し、北京へ上った。

息子の鄭成功は父と異なる道を選んだ。「反清復明《はんしんふくみん》」の旗印を掲げて、明朝の亡命政権に仕え、南進する清朝に抵抗した。鄭成功が「国姓爺《こくせんや》」と呼ばれるのは、亡命皇帝である隆《りゅう》武《ぶ》帝（一六〇二－四六年）から、明朝皇帝の姓、「朱」の使用を認められたゆえだが、当の隆武帝はまもなく清朝に捕えられて死ぬ。しかし鄭成功は、今度は永暦《えいれき》帝（一六二三－六二年）を奉じて戦を継続する。福建省南部の港町厦門に橋頭堡を設けた鄭成功は、一六五八年、北伐の師《し》を起こすものの、南京で大敗し、大陸から撤退せざるをえなくなった。

劣勢の鄭成功が目をつけたのが、海を越えた向こうに浮かぶ巨大な島、台湾である。

オランダと鄭成功の攻防

一六六一年、かつて平戸で商売をしていたオランダと、平戸で生を享けた鄭成功が、台南で雌雄《しゆう》を決する。中国大陸から退いた鄭成功は、艦隊を率い、海からプロヴィンシャ城を攻める。オランダ側も、大陸で苦戦中の鄭成功が、新たな拠点を求めて台湾を虎視眈々《こしたんたん》と狙《ねら》っていると承知していた。しかし十分な守備の整わないうちに、鄭成功の艦隊が侵攻してきた。

オランダ守備隊の長官だった、フレデリック・コイエット（一六一五？－八七年）は、鄭成功との戦いの一部始終を、敗将の弁である『閑却《かんきゃく》されたるフォルモサ』に記した（『大航海時代叢書第Ⅱ期11　オランダ東インド会社と東南アジア』、生田滋訳、岩波書店、一九八八年、三九六頁）。

北方季節風が吹きやんだので、彼〔鄭成功〕はいよいよ機会を得て、一六六一年四月三一日の日の出の光をあびて、数百隻の軍船を率いて、フォルモサ島〔台湾島〕の海岸のゼーランディア城から見えるところに姿を現わした。それらの軍船には約二万五〇〇〇名の勇敢な、タルタル人〔清朝を興した満洲族〕との戦争に熟達した兵士たちが満載されていた。

現在安平区や安南《あんなん》区となっている台南市西部の沿岸地帯は、十七世紀半ばは「台江《たいこう》内海」と呼ばれる海だった。河川が土砂を運んで堆積《たいせき》が進み、十九世紀前半に大規模な洪水が起きて陸地へと変じた。台南市内の中心部に位置するプロヴィンシャ城跡は、現在は海から遠く離れているが、かつては城壁近くを潮水《しおみず》が洗っていた。鄭成功の艦隊は鞏固《きょうこ》な要塞である安平のゼーランジャ城ではなく、鹿耳門《ろくじもん》の水道を通って、先に台南のプロヴィンシャ城を落とした。軍備を整え、今度はオランダ軍が立てこもる、ゼーランジャ城を囲んだ。

安平は台湾の歴史上、もっとも華々しい攻防の舞台となった。手薄な守備隊を率いて、コイエットは鄭成功の猛攻を防ぎ、籠城戦《ろうじょうせん》は一年近くつづいた。しかし一六六二年二月、衆《しゅう》寡《か》敵せず、善戦空しく、ゼーランジャ城を明け渡した。「蘭人の壮図」はここに潰えた。

安平と台南をオランダから奪い取った鄭成功だが、台湾ですごした時間は、この地の英雄と呼ぶにはあまりに短い。ゼーランジャ城陥落から半年も経たぬうちに病死し、「鄭成功の雄志」は子や孫に引き継がれた。

鄭氏政権の統治と漢族の移民

鄭成功の跡を継いだのは、息子の鄭経《ていけい》（一六四二－八一年）である。父の遺志に従い中国大陸で清朝と戦ったが、圧倒的な敵勢を前に、やがて戦意を喪失する。鄭経死後は経の子で成功の孫、鄭克塽《こくそう》（一六七〇－一七〇七年）が継いだが、一六八三年、康熙帝《こうきてい》（一六五四－一七二二年）の命を承けた施琅《しろう》（一六二一－九六年）が台湾への侵攻を開始する。澎湖《ほうこ》における海戦で、鄭氏の軍は施琅率いる水軍に惨敗し、鄭克塽は降伏の文書を送った。

鄭氏政権が台湾を支配した期間はオランダ時代よりも短く、わずか二十年余りにすぎない。しかし鄭氏政権の登場で、初めて中国大陸と同様の行政機構がもたらされた。台南市内には中国の王朝を模して「承天府《しょうてんふ》」なる小さな朝廷が置かれ、地方にも行政機関が設けられ、オランダ統治期よりもやや広い領土を治めた。「大陸反攻」をめざす軍事政権は、台南の周辺を中心に、嘉義《かぎ》や高雄の左営《さえい》などに兵隊を駐屯させ、開墾に励ませた。この間に漢族の人口は増加し、先住民族に匹敵する数となった。

つづく清朝統治期、台湾への渡航は禁止されていたが、漢族の流入はやまず、福建省南部沿岸の泉州や漳州から「閩南人《びんなん》」が、広東省東部内陸から「客家人《ハッカ》」が台湾海峡を渡った。中部の彰化《しょうか》平原を経て、台北盆地へと、西海岸を北上する形で土地が切り拓かれた。東北部の宜蘭《ぎらん》から、最南部の恒春《こうしゅん》まで、西部の全体に漢族の居住地域が広がった。

清朝統治の当初は台南に台湾府が置かれ、周辺に台湾県、嘉義に諸羅《しょら》県、高雄の左営に鳳山《ほうさん》県と、一府三県のみだったが、末期には全島が行政機構の下に収められた。一八八五年、福建省から分離して台湾省が設けられ、九一年、首府が台北に移されると、三府十一県三庁一直隷州となった。日本や国民党統治期の行政区画も清末のそれが元になっている。鄭氏政権時代の漢族人口は十数万にすぎなかったが、日本統治期の初頭には三百万人ほどになっていた。

台南を海上貿易の拠点としたオランダにとって、安平は重要な貿易港であり、防御の城塞としても重要だった。一方、鄭氏政権にとって、安平は「大陸反攻」をめざすうちこそ重要な軍港だったが、南部平原の開墾に力を入れはじめると、中心は台南に移った。台湾が清朝の版図に入ると、安平は貿易や漁業の基地、大陸との海上交通の窓口となった。
ゼーランジャ城の東側には、オランダ時代から小さな市街があった。ここはのちのちまで安平の古い面影を残した。

「廃港」安平

鄭成功の上陸から二百五十年あまり後、台南の街中からトロッコに揺られて、東京文壇の花形作家の一人、佐藤春夫が安平に到着した。ゼーランジャ城址《じょうし》に上り、港を一望し、この地の来歴を思いやった。そして五年後、傑作「女誡扇綺譚」を世に送る。小説の冒頭は安平の描写から始まる。
安平へ通じる道の両側は一面の養魚場だった。トロッコを降りた主人公が古跡をめざして歩くと、周囲に洋館が散在していた。西洋人が経営していた製糖会社の社宅だが、廃屋となっていた。「私」は連れの台湾人とともに、ゼーランジャ城址に上る。

私の友、世外民《せがいみん》はその丘の上で例の古図を取《と》りひろげながら、所謂《いわゆる》安平港外の七鯤身《しちこんしん》のあとを指さし、また古書に見えているという鬼工奇絶《きこうきぜつ》と評せられる赤嵌城〔ここではゼーランジャ城を指す」の建築などに就《つい》て詳しく説明をしてくれたものであるが、私は生《あい》憎《にく》と皆忘れてしまった。そうして私の驚いたことというのは、むかし安平の内港と称したところのものは今は、全く埋没してしまっているのだというだけの事であった——全くあまり単純すぎた話ではあるが。

安平全景
出典：『日治時期的台南』（何培齊主編、台北：国家図書館、2007年）

安平の光景は荒涼としていた。一面の海だったはずが、滄海《そうかい》変じて桑田《そうでん》となり、陸地となった。後退した海が遠くに見える。白く灼《や》けた熱帯の正午だというのに、光をも吸い込む濁った海。黄ばんだ褐色をして打ち寄せる波。洪水を思わせる色の海に、小舟が漂っていた。物音一つしない世界に、湿った微風が吹きつける。

若い主人公は、台湾の歴史などに興味はなかった。しかし一緒に城跡に上った、台湾人の世外民は違った。「同じような若い身空で世外民がしきりと過去を述べ立てて詠嘆めいた口をきくのを、さすがは支那人の血をうけた詩人は違ったものだ位にしか思っていなかった」。沿岸航路の蒸気船さえ、安平には着岸できず、小船に乗り換えて上陸するほかない。「これが港か！」という主人公の声に、友人の世外民は、「そうだ！」と応じた。「港だ。昔は、昔は台湾第一の港だ！」。

清朝統治期、安平は「台湾府」の所在地となった台南の、外港として栄えた。台南は行政や経済・文化の中心として繁栄し、「一府《いちふ》、二鹿《にろく》、三艋舺《さんマンカ》」と称された。殷賑《いんしん》第一の街は台南で、これに中部の港町「鹿港《ろっこう》」が次ぎ、台北の淡水河に面した「艋舺」（日本統治期に「萬《ばん》華《か》」と改称）がつづいた。

海峡を越え台湾へ向かう人々の多くは首府をめざす。台南へは、いったん安平に寄港し、船で水路を進んだ。台南の西郊へ到着すると、今度は「五條港《ごじょうこう》」と呼ばれる五本の小運河が、街中へと掌《てのひら》を広げたように通じ、人や物を運んだ。台南には貿易で財をなした豪商が居宅をかまえ、富や文化が蓄積した。日本統治期に至っても、日本人主導で開発された台北に対し、台湾人の商都として栄えた。

台南が発展するにつれ、単なる中継地となった安平は、徐々に過去の繁栄を失う。とはいえ台南も、十九世紀後半以降、北の台北や南の高雄が発展するにつれ、斜陽の時を迎える。

清朝が英国に敗れたアロー戦争の結果、一八五八年に天津《てんしん》条約が結ばれる。安平は、中国の南京《ナンキン》や漢口《かんこう》・潮州《ちょうしゅう》（のち汕頭《スワトウ》へと変更）、台湾の淡水などとともに開港場となった。貿易のため「海関《かいかん》」（税関）や英国やドイツの「洋行《ようこう》」（商館）が置かれた。今も「徳記《とくき》洋行」「東《とう》興《こう》洋行」などとして残る洋館がそれである。十九世紀後半、安平は海外貿易によって再びつかのまの繁栄を見た。

しかし港としての機能が新興の高雄と比べはるかに劣る安平は、二十世紀に入ると地位を低下させる。佐藤春夫が訪れた一九二〇年には、洋館の廃屋が過去を語るさびれた漁港となり、「女誡扇綺譚」では「廃港」「廃市」と呼ばれた。

北部の港町、淡水

台南の外港・安平と並んで、台北の外港・淡水も古い歴史を有する。台北盆地の西南方から流れてくる大漢渓《だいかんけい》と、南方の山地から北上する新店渓《しんてんけい》が、台北市の南で合流し、淡水河となる。合流地点の東岸には、先住民族と漢族が交易する市として、台北の最初の街、艋舺（萬華）が作られた。北上する淡水河は、今度は台北市の北で、東方から流れてくる基隆《きりゅう》河と合流する。淡水河は河幅を増して西北へと流れ、台湾海峡に注ぐ。河口近くの北岸に位置するのが、淡水港である。

淡水は北部の港として古くから開けた。スペインが一六二八年、ここにサン・ドミンゴ城

淡水港
出典：『台湾歴史影像』（楊孟哲編著、台北：芸術家出版社、1996年）

を築くも、やがて先に南部の安平にゼーランジャ城をかまえていたオランダに追われる。要塞はオランダによって再建され、台湾最古の建築「紅毛《こうもう》城《じょう》」として現在もその姿を見せる。

淡水は清朝時代を通じ中国大陸との貿易港として栄えた。十九世紀半ば、北部の基隆や南部の安平・高雄とともに開港されると、世紀の後半には安平とともに繁栄の絶頂期を迎える。紅毛城に英国領事館が置かれ、貿易商が洋行（商館）を設け、宣教師が教会を開いた。カナダ出身のジョージ・マッケイ（中国語表記は「馬偕」、一八四四－一九〇一年）は淡水を拠点に、北部で布教や医療・教育活動を行い、教会・病院・学校を設けた。「淡水礼拝堂」や「滬《こ》尾《び》偕《かい》医《い》館《かん》」、真理《しんり》大学の「牛津《オックスフォード》理学堂」がそれである。

清朝時代末期には台湾随一の貿易港となった淡水だが、河港ゆえ水深不足はいかんともしがたく、近代的な港湾へと発展できなかった。やがて基隆が北部第一の港の地位を奪う。高雄の勃興で衰退した安平同様、港としては廃《すた》れたが、今では台北近郊の観光地として、週末は人でごった返す。台北の公共交通手段であるMRT（「捷運《ジエユン》」）に乗れば、市内から一時間もかからない。名物の「魚丸湯《ユーワンタン》」（魚のつみれスープ）や、「阿給《アゲ》」（春雨《はるさめ》を油揚《あぶらあ》げで包んで蒸《む》した料理）などの食べ歩きをしながら、紅毛城などの旧跡を回れば、世界への窓口だった港の歴史を感じることができるだろう。

台北からMRTで淡水に向かう途中にある、北投《ほくとう》温泉（新北投温泉）も、台北から便利な行楽地の一つである。日本と同様、火山帯ゆえに地震の多い台湾は、温泉天国でもある。宜蘭県の礁渓《しょうけい》温泉や蘇澳《そおう》の冷泉《れいせん》、台東《たいとう》県の知本《ちもと》温泉や、屏東《へいとう》県の四重渓《しじゅうけい》温泉、高雄の宝来《ほうらい》温泉、台南の関子嶺《かんしれい》温泉の泥湯、台中《たいちゅう》の山中にある谷関《こくかん》温泉などが有名だが、台北付近では、北投温泉と陽明山《ようめいざん》温泉、先住民族の居住地にある烏来《ウーライ》温泉がよく知られる。北投には地獄谷《じごくだに》（「地熱谷《ちねつこく》」）があり、日本統治期からつづく銭湯「瀧乃湯《たきのゆ》」がある。台湾の日本人監督北村《きたむら》豊晴《とよはる》が、戦後流行した台湾語映画へのオマージュとして作った映画『おばあちゃんの夢中恋人』（二〇一三年）は、北投温泉を舞台の一つとする。

淡水からバスを利用して北へ向かい、台湾の北海岸を回る旅に出るのも楽しい。淡水の北、三芝《さんし》は、中華民国元総統、李登輝の出身地である。私立淡水中学を卒業し、台北高等学校を経て京都帝国大学で学んだ。台湾本島の最北端、富貴角《ふっきかく》には灯台があり、北を望むと見わたす限りの東シナ海が広がる。北部の「老街《ろうがい》」として有名な金山《きんざん》にも温泉がある。台北市を取り囲む、新北《しんほく》市に位置する老街としては、「清水巌祖師廟《せいすいがんそしびょう》」の門前につづく三峡《さんきょう》老街、陶磁器で知られる鶯歌《おうか》老街などがあり、桃園《とうえん》市には大渓《だいけい》老街があるが、観光用の開発が進んだこれら老街と異なり、交通のやや不便な金山には、今も素朴さが残る。金山からさらにバスを乗り継げば、北部最大の港町、基隆に到着する。

中部の港町、鹿港

台湾中部の鹿港も、淡水と並んで、台湾の歴史を語る上で外せない港である。彰化県の海沿いに位置する鹿港は、かつては中部の代表的な港で、清朝時代の十八世紀、中国大陸との貿易で台南に次いで栄えた。繊細な意匠の施された「龍山寺《りゅうざんじ》」や、参詣者が絡繹《らくえき》として絶えない、全島でも最大規模の「天后宮《てんこうぐう》」、台湾を代表する富豪の一人、辜顕栄《こけんえい》(一八六六―一九三七年)が住んだ洋館の旧宅などがある。

鹿港を魅力ある町としているのは、何といっても老街である。大通りは近代的な中山路《ちゅうざんろ》だが、清朝時代の面影を残す「鹿港古市街《こしがい》」があり、冬季の強風を避けるため、迷路のように曲がりくねり、ときに人がすれ違うに困難なほど狭い路地がある。「九曲巷《きゅうきょくこう》」や「模乳巷《もにゅうこう》」(胸が触れ合うほどの狭さの路地)といった名称も楽しい。路地は台南や安平など、台湾の古い町に共通する特徴だが、鹿港も路地を歩く醍醐味《だいごみ》を存分に提供してくれる。

鹿港にしても安平・淡水にしても、週末は観光客が押し寄せ、そらぞらしい観光地の顔つきとなる。しかし海外からの旅行者も多い大都市の台北や台中・高雄を避け、歴史ある港町に宿をとり、客足の途絶える夜や朝の、人気の少ない路地を歩き、地元の買い物客でにぎわう市場や、早朝から参詣者が熱心に祈りを捧《ささ》げる廟《びょう》へと足を運べば、表情は一変する。いずれも小さな町だが、台湾という土地を旅する喜びを与えてくれるだろう。

鹿港の路地
出典：『日本地理大系11　台湾篇』（山本三生編、改造社、1930年）

新垣宏一の台南赴任

佐藤春夫の訪問から二十年近くのち、安平の歴史に魅せられ、街を散歩する文学青年が現れる。一九三七年、台北帝国大学を卒業し、台南の第二高等女学校に赴任した、新垣宏一《にいがきこういち》（一九一三－二〇〇二年）である。國分直一の教えていた第一高等女学校が、主に日本人生徒を対象としたのに対し、新垣が教鞭《きょうべん》を執《と》る二高女は、主に台湾人子女が通う学校だった。

南部の新興港湾都市・高雄の日本人町に生まれ、旧制の高雄中学在学中から、南部最大の新聞『台南新報』に詩を投稿していた新垣は、台北高等学校や台北帝大で文学三昧《ざんまい》の青春を送った。総督府のある台北は、高雄と並んで日本人の多く住む都市で、日本人と台湾人の居住区はくっきりと分かれていた。日本語だけを用いて教育を受け、つきあうのも日本人が中心で、数少ない台湾人の友人とも日本語を通して交際した。そんな新垣が、古い路地が残り、伝統的な生活がいとなまれる台南で、台湾人の女子生徒たちに国語を教える教員となった。

芸術至上主義者の新垣宏一にとって、近代的な芸術文化に触れることの可能な島都台北と比べて、古都台南は退屈な街だった。慰めの一つは、ここが敬愛する佐藤春夫の傑作「女誡扇綺譚」の舞台だということだった。

「女誡扇綺譚」を片手に台南の街を歩いたのは、新垣が最初ではない。台北高校在学中、新垣は当時台北帝大の助手だった前嶋信次（一九〇三－八三年）からフランス語の手ほどきを受けた。一九三二年から台南の旧制中学に勤めていた前嶋は、無聊《ぶりょう》をかこちつつ、台南の歴史散歩にふけった。洋の東西を問わず書籍や文献を読みあさり、ゆかりの人を訪ね、古碑を求める散歩だったが、「女誡扇綺譚」も導きの糸の一つだった。新垣は台南で旧師と再会し、台南研究の面白さを教えられたことで、自らが住む土地に少しずつ入り込んでいく。

新垣は教壇から、台湾人を主とした生徒たちに向かい、小説の舞台に住む喜びを語った。週末になると「女誡扇綺譚」を片手に、女子生徒たちを案内役として、文学散歩に出た。前嶋の足跡に重ねるように、小説の舞台をたどり、関係者に会い、詳しい考証の文章を地元紙『台南新報』に寄せた。詩や小説でも手腕を見せた新垣だが、中でも考証の随筆は見事で、沈着でよどみのない文章の間に才気がきらめいた。歩けば歩くほど、書けば書いただけ、台南の街が少しずつ新垣の中に浸み込んだ。

「オランダ楼」からの眺め

「女誡扇綺譚」の舞台の一つとなった安平も、新垣宏一にとって恰好の文学散歩の目的地だった。「安平夜話」（『台湾時報』一九三九年十月）はその記録である。

台南から安平へと向かう交通手段は、佐藤春夫が訪ねたころと異なり、トロッコではなかった。舗装されたバス道路が、養魚場の一帯を横切って開通した。運転手はパーマをあてた若い女性で、小型のダットサンで客を運んだ。安平の西側では築港工事が完了して、新しく海水浴場ができ、製塩や製油工場が立ち並んだ。海岸地帯は都会風に変身し、「荒廃の美」の風景は消えつつあった。

しかし新垣の見る安平には、やはり「女誡扇綺譚」のロマンチックな色彩が施されていた。「オランダ楼」と命名された台湾料理屋の二階から、「女誡扇綺譚」の主人公と同じく西の果てを見やると、海岸線あたりにたゆたう落日の色が、文学青年の想像力を刺激した。

「オランダ楼」のバルコニーから鹿耳門《ろくじもん》と覚しきあたりの海上を見わたしていると、潮騒の中から波を蹴立てて「海馬《かいば》」〔康熙年間に捕獲されたとの伝説がある怪物〕が怪しい吠《ほえ》声《ごえ》を上げながら泳ぎ渡ってくるような幻影をさえ見る気がするのである。（中略）現実の安平は淋《さび》しく、そうして見ばえのしない風景が多い。けれども、その風景の彼方から不思議な怪物が泳いで来るのであり、又海をおおって渡って来る国姓爺《こくせんや》の海軍の軍船の幻が生れて来るのである。

「鹿耳門」はかつて鄭成功が台湾に上陸した、砂州にはさまれた水路沿いに位置する。台湾海峡から南部海岸に近づくと、沖合に「七鯤鯓《しちこんしん》」と称される、複数の砂州が並ぶ。波濤《はとう》がうねり潮が高鳴る海峡と異なり、砂州の間から「台江《たいこう》」と呼ばれる入海《いりうみ》に入れば、船は湖のように静かな水面を走ることができた。オランダがゼーランジャ城を築いたのも砂州の一つの突端で、鄭成功率いる水軍による侵攻も、砂州の間の水路を縫ってのことだった。

新垣宏一の脳裏に、鹿耳門を通る鄭成功の軍船団や、伝説上の怪物「海馬」といったまぼろしが浮かぶのは、安平が台湾の歴史の晴れ舞台だったからというだけではない。佐藤春夫が「荒廃の美」として描いた風景を、佐藤を敬愛する新垣が偏愛したゆえだろう。「安平夜話」は幻想の香り高いエッセイだが、その実「オランダ楼」は、二階のバルコニーの床ががたがた揺れる、場末の台湾料理屋にすぎなかった。

安平の「銀座通り」

台湾人の女子生徒たちを案内役として、台南や安平で文学散歩をくり返すうちに、新垣宏一は少しずつ台湾人の生活を知るようになる。新垣が好んだのは、ゼーランジャ城址の東側に残る、オランダ時代以来の古い町並みだった。

町の中央を走るのは、「両手を拡《ひろ》げると一杯になりそうな」通りである。新垣はこれを、「安平の銀座通り」と呼んだ。「銀座」の名にしては狭いひなびた通りだが、敷き詰められた赤瓦《あかがわら》は古く磨滅《まめつ》し、「その歩き心地は何とも言えぬ程落着いたよいもの」だった。

安平銀座には名物を売る老舗《しにせ》があった（「安平夜話」）。

この街には例の「塩酸甜《キャムスイテン》」（「フルーツの砂糖漬け」）を売っている店がある。これは台湾

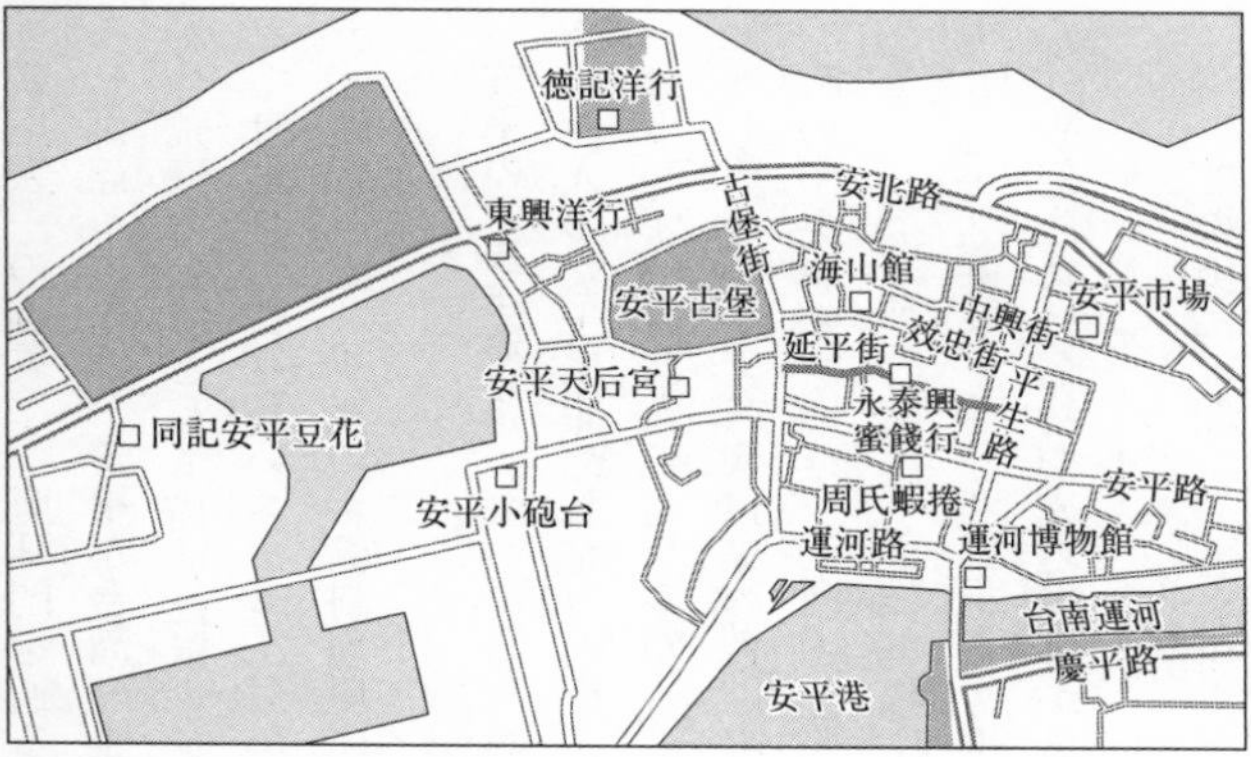

安平拡大図

にいる者にとっては別に珍しいものではないけれども、この街にあるそれは一番美味であると言われている。

その店はわずか二軒しかないが、一つは古くからあるのだそうである。私達のように物珍しさ半分に買う人も増えたと見えて、分らない言葉ながらも、要領よくこの珍しい果実の漬物の説明をしてくれるので、いよいよ有難い気持ちになり、この頃では一かどの通人ぶって、その場であれこれと手づまみで食べて見る。われながら稚気《ちき》愛すべきかなとも考えて可笑《おか》しい気がするのであるが、あの街の、あの物さびた店先の空気の中にいると、ああした気持ちにもなるのだと思っている。

「安平の銀座通り」は現在の「延平街《えんへいがい》」で、「安平老街」と呼ばれる。行楽地として週末には観光客が押し寄せる安平だが、安平古堡（ゼーランジャ城址）東側の町の古びた雰囲気は、今なお味わうことができる。「塩酸甜《キャムスイテン》」とは各種フルーツの砂糖漬けである。上品な甘さと酸味が舌に心地よく、夏にスターフルーツジュース（楊桃汁）などの氷水に入れて食べると、暑気を忘れさせる爽快な味がする。

安平で塩酸甜を売る店の数はその後増えた。しかし老舗の「永泰興蜜餞行《えいたいこうみつせんこう》」は今も延平街に店をかまえる。銀座通りから離れ、縦横に走る狭い路地を歩むと、古い建築や風格あるものさびた民家が待ちかまえる。ほんのわずか横道にそれただけで、土産物屋の並ぶ表通りの喧騒《けんそう》が嘘のようで、音も、色も、空気も一瞬で変化する。ふと、タイムトンネルを通ったかのごとき錯覚をおぼえるが、それは何も歴史の幻影が浮かぶからだけではない。台湾のもっとも古い街、安平に暮らす人々の守ってきた、迷路のような町を歩むと、十七世紀以来の生活の片鱗を見る気がするのである。

台南に暮らして

台湾島内で受けられる最高の教育を受けた新垣宏一は、高度な教育であるゆえに、台湾人との交流は少なかった。小学校や旧制中学は主に日本人中心で、旧制高校や帝大で知り合う数少ない台湾人も、日本人との交流に慣れた人々だった。台湾にありながら、台湾や台湾人を意識せず、夏目漱石や芥川龍之介、北原白秋《きたはらはくしゅう》や佐藤春夫を読み、高踏《こうとう》な芸術の世界に遊ぶことができたのも、一九三〇年代の日本化が進んだ台湾の一面だった。

しかし一九三七年、古都台南に来てから、新垣の台湾像に変化が生じる。教壇から毎日語りかける相手は、台湾人の女子生徒だった。彼女らの案内で、台南や安平の陋巷《ろうこう》を歩む新垣は、いつしか台湾人のしぐさをまねるようになった。台南に残された日本人作家の足跡をたどっていたはずの文学散歩が、いつしか台湾人の生活を訪ねる民俗散歩となり、台湾人の生活に思いを馳《は》せ、やがて自らも一種の「台湾人」ではないかと思うようになる。

「ワナビー」という言葉がある。米国先住民族の伝統的生活にあこがれ、先住民族の習慣をまねることで、自己陶酔にひたる人々を指す言葉に由来する。その模倣が表層的、一過性であるゆえに、しばしば嘲《あざけ》りの意味を帯びて用いられる。台湾人の風俗をまねる新垣の姿勢にも、ワナビーの気配がないではない。

しかし新垣は、日本人社会で生まれ育ち、日本人として教育を受ける一方で、台湾で生まれ育った台湾二世、いわゆる「湾生《わんせい》」でもあった。日本人子弟には旧制中学や高校を卒業後、内地日本へ進学する選択肢があったが、新垣はそうしなかった。教育の段階が進めば進むほど内地と変わりない環境だったが、戦後に引揚げるまで、内地は旅行で経験したのみだった。意識することが少なかったとはいえ、台湾人の存在はつねに身近にあった。

そんな新垣が、台湾人が人口の圧倒的多数を占める、台湾語の話される街、古都台南に来て、台湾人の女子生徒たちに教える日々を送る。人生で初めて、台湾人と毎日顔を合わせ、言葉を交わした。台南の街を歩けば、目に入るのは台湾人の伝統的な生活だった。新垣の見る台湾の姿に、わずかずつだが変化が生じた。

安平の「風獅仔」

街歩きをつづけるうち、新垣宏一は安平で妙なものを発見した。古びた民家の屋根の上に、小さな人形が載っている。

安平は古い歴史を有する町らしく、どの民家にも魔除けの品が飾ってあった。家の入り口の軒下には「八卦図《はっけず》」があった。木製、土製、木版印刷など種類や大きさ、模様はまちまちだった。その下に、黒旗がぶら下げてあり、針を刺して毬《まり》状にした大蒜《にんにく》がついている。いずれも邪《じゃ》を払う意味合いが込められていた。さらに頭を上げて塀《へい》や屋根の上をのぞめば、小さな仙人掌《サボテン》や焜炉《こんろ》、鉢《はち》、空き瓶などがぽつんと置かれている。鉢や空き瓶には水が入れてあった。火事を避けるまじないとの説明だった。

残念ながらこれらは現在の安平ではほとんど見られない。しかし今なお安平で見ることができるものがある。一つは、家屋の入り口などに掲げられた「剣獅《けんし》」である。剣をくわえた獅子頭《ししがしら》の図は、八卦図同様大小さまざまで、愛嬌《あいきょう》ある顔つきをし、頭ごとに表情や色彩が異なり、見物してまわって飽きない。

もう一つ、現在も見ることができるのは、屋根の上に置かれた獅子や武人の像、「風獅《ふうし》仔《し》」である（現在は「風獅爺《ふうしゃ》」と称する）。安平の陋巷を歩き回り、人々の生活や習慣に注目するようになっていた新垣は、古い民家の屋根の上から一家を見守る風獅仔に、何ともいえぬ愛着を覚えた。土焼きの小さな人形たちは、教え子たちの守り神でもあった。

文学散歩や民俗探訪の成果として、新垣宏一はいくつもの考証の文章を書いた。中でも「風獅仔」に関する、「風獅仔覚え書――屋上の魔除け人形」全三回（『台湾日報』一九四一年四月十六―十八日）、および「台南地方民家の魔除けについて」（『文芸台湾』第二巻第二号、一九四一年五月二十日）は出色のできばえである。

この人形の種類は幾つあるのか分らないが、私が見た数十の風獅仔は大体四種位に分類されるようである。大きさも高さ一尺位〔約三十センチ〕のものから五寸位〔約十五センチ〕のものまである。顔の表情はいろいろあるが、なかなか恐しい顔に作っている。本島の宗教の像には余り芸術的とは思えないものが多いのだが、この風獅仔だけは実に芸術的な立派な作品だと思う。これがあの古風な民家に載っている姿を見ると一寸《ちょっと》胸がおどるような気がする程愛着を感ずるのである。

魔除けの人形は主に中国大陸で作られ運ばれたらしいが、風獅仔を探索した新垣は、台南でも土人形を焼いていると知り、その店を訪れる。玩具《おもちゃ》作りに忙しくて愛想の悪い爺《じい》さんによれば、人形は道士《どうし》の見立てで種々に作る、現在は注文がないから作らない、という。しかたなく玩具の人形を所望すると、達磨《だるま》や仙人などの人形や兎《うさぎ》、虎《とら》などの動物が出てきた。色彩の濃厚な人形を好まない新垣は、赤土の素焼き人形から、媽祖《まそ》、関帝《かんてい》、玄天上帝《げんてんじょうてい》、哪吒《なた》太子《たいし》、観音《かんのん》、土地公《とちこう》など、台湾の代表的な道教《どうきょう》の神々六体を選んだ。

台南の街の隅々を歩むうちに、この街が「女誡扇綺譚」の舞台というだけではないことに気づく。伝統的な生活習慣が残る古都台南は、ロマンの香りだけでは描けないことを、文学的に成熟期を迎えつつあった新垣は痛感した。その成果は、やがて台湾人の女子生徒を描いた、「城門」（『文芸台湾』第三巻第四号、一九四二年一月二十日）などの小説へと結実する。その小説は、植民地支配下で苦しんだり葛藤《かっとう》を抱える人々の存在を描き、台湾人の声を作品の中に響かせるものとなった。結果として新垣の作品には、鋭敏な感覚で植民地台湾の現実を見透《みとお》した「女誡扇綺譚」と通じ合うものがあった。

前嶋信次の歴史研究や、國分直一の平埔族研究と並んで、新垣宏一の小説は、日本人が台南と向き合って過ごした時間の結晶と呼ぶべき作品である。彼らの文章には、台南とたまたま縁を結んだ青年たちの青春、彼らが見た台南の歴史や現在とともに、意図してのことかどうかはともかく、彼らが接した台湾人の声がしのび込んでいる。日本人の一方的な思い込みに縁《ふち》どられているにしても、学術的関心や偏見、独善でのみ書いたと断定するのはためらわれるような、台湾の土地や人との対話が溶け込んでいるように思われる。

現在安平で民家の屋根に置かれる風獅仔は、新垣が見た当時のものではない。台風などで損傷するたび、守り神は一つまた一つと姿を消していった。しかし二十一世紀に入ってから、安平を愛する若者たちの活動で、風獅仔は復活し、再び屋根の上に姿を見せるようになった。代々民家を守ってきた安平の人々にとっても、守り神の復活は誇りである。新垣の風獅仔考証に目を通してから、安平の路地をさまよい、ふと顔を上げて風獅仔を見つけたとき、旅人の心にも胸おどるような愛着が湧《わ》き起こることだろう。

安平を歩く

古都台南で月日を重ねるうちに、女子生徒たちを通して、新垣の視界に台湾人の生活が入ってくる。台南に来るまでの新垣は、台湾人の生活を、目にはしても捉《とら》えてはいなかった。毎日言葉を交わす台湾人少女たち、その家庭、その社会、古い習慣、日本統治下の新しい生活、そして台南の街を、知れば知るほど、小説に書いてみたいと考えた。それは自らが台湾で生まれ育った二世、「湾生」だという自覚へつながった。台南の民俗を考証した随筆や、台湾人の女生徒や青年たちを描いた小説には、戦時下にあっても台南に色濃く残る、伝統的な生活や習慣、考え方が沁《し》み込んでいる。

作者自身がどこまで意識してのことかはわからない。台南での台湾人と向き合う日常、「湾生」＝台湾二世としての自覚、家庭環境の異なる生徒たちと毎日接することでの人間的成熟といった、さまざまな理由や背景があって、新垣の書くものからあでやかなロマンチシズムの側面が退く。その一方で、一九三〇年代後半から四〇年代前半という戦争の時代、自由に書くことが許されなかった時代にあって、台湾人の生活を描き、作中に台湾人の声を響かせようと努めた。その小さな試みは、過大評価されるべきものでもなかろうが、新垣なりに「台湾人」の真実を描こうと試みた成果ではあった。佐藤春夫や新垣宏一の小説を手に、安平や台南を歩けば、彼らがこの地に何を見たか、時を超えて共有できる。

しかし安平に来たら、まずは、かつて東西貿易で沸《わ》き立った貿易港、今は静かな港町の、迷路のごとき路地を歩んでみたい。オランダ、鄭氏政権、清朝、日本が安平を舞台に、台湾の歴史を織りなした。遠く、東南アジアからインド、アフリカを経てヨーロッパへとつづく、海の道の駅の一つに、さまざまな人種が足跡を刻んだ。

ゼーランジャ城址に上り、「安平の銀座通り」を歩き、「塩酸甜《キャムスイテン》」をつまみ、横道にそれ、民家の壁に「剣獅」を眺め、屋根の上に「風獅仔」を仰ぐ。安平の名店「周氏蝦捲《シアジュエン》」で名物の台湾風エビフライを食べるのもいいし、少し離れた「同記安平豆花《トウファ》」まで足を運んで、素朴な味の豆花（豆乳を固めたスイーツ）に一息つくのもいい。大航海時代のはるかな史実に思いを馳せつつ、台湾の歴史を作ってきた人々の足跡を思い、ここに暮らす人々の生活に触れる。週末の雑踏も、夜になれば静まり返る安平、遠く海鳴りの聞こえる安平は、それにふさわしい場所である。

第四章　古都台南に残る伝統と信仰——清朝文化の堆積

孔子廟の思い出

一九三九（昭和十四）年夏、台北《たいほく》高等学校に通う若い学生が、台南《たいなん》の孔子廟《こうしびょう》を訪れた。学生の名は王育霖《おういくりん》（一九一九－四七年）という。台南市内の豊かな家に生まれ、台湾に設立された唯一の旧制高校（現在の大学一・二年生に相当する、三年制の高等教育機関）では文芸部に所属していた。夏休みで帰省し、昔の行李《こうり》を整理していると、公学校の生徒だったときに作った、孔子廟の模型が出てきた。懐かしさのあまり、実物が見たくなった。

孔子廟は、王育霖が通った末広《すえひろ》公学校の旧校舎から近かった。植民地の台湾では、日本人の子どもは小学校へ通い、台湾人が通うのは主に公学校だった。卒業後は地元の旧制中学（現在の中学・高校に相当する、五年制の中等教育機関）ではなく、全島から選《よ》りすぐりの秀才が集まる、台北高等学校尋常科（旧制中学に相当）に進学したが、かつて通った末広公学校

孔子廟の明倫堂
出典：『日治時期的台南』（何培齊主編、台北：国家図書館、2007年）

には愛着があった。

台南の孔子廟は、一六六六（康熙《こうき》五）年、鄭成功《ていせいこう》の子、鄭経《けい》が創建したという。一九一七（大正六）年に改修された太成殿《たいせいでん》は、鮮やかな朱色に輝いていた。公学校の旧校舎は雨漏りがひどかったので、孔子廟へと机を運んで勉強したことがあった。明倫堂《めいりんどう》に掲げられた額の字の大きさは、いつ見ても驚嘆の的だった。

少年時代の美しい記憶が次々に浮かび出る。幼いころ漢文と習字を学んだ、伝統的な教育機関である、「書房《しょぼう》」の思い出。家塾で教えてくれた師の趙雲石《ちょううんせき》（一八六三―一九三六年）先生は、伝統文学の継承者だった。台湾各地で祀られている海上守護の女神、「媽《ま》祖《そ》」の祭りの行列。祖母の誕生日の盛大なお祝い。台湾将棋も懐かしい。そして病弱だった子どものころ、いつも神様に健康を祈ってくれた、今は亡き母。王家は旧式の大家族で、第二夫人だった母は苦労が絶えなかった。「この子が丈夫に成人して一人前の人間になれますように」と祈る母の台湾語の響きは、年月を経ても忘れられない。

若いにもかかわらず、王育霖は古い街を歩くのが好きだった。台湾人が路傍で台湾語を用いて交わす、とりとめもない会話を聞くのが好きだった。その声に自らの生まれ育った土地、台湾を感じた（「台湾随想」『翔風』第二十号、一九四〇年一月）。

街を歩いて本島人《ほんとうじん》達が今何を語っているかを聞くことは面白いことである。然《しか》し同時に淋しい苦しいことである。私は人々の話声に台湾の息を感じ、脈動を感じ、そして変遷を感ずるのである。

台湾の古都、台南

「本島人」とは台湾人を指す言葉である。「内地人《ないちじん》」つまり日本人に対し、一般には台湾島に住む人々のうち、多数を占める漢族を意味した。先住民族は「高砂族《たかさごぞく》」と呼ばれた。

王育霖の生まれ育った台南は、台湾の古い都で、商業の中心でもあった。台湾最大の農業地帯である嘉南《かなん》平原に囲まれ、物資豊かで、人口稠密《ちゅうみつ》だった。一九三八年前後、全島の人口は六百万近く、そのうち内地人は三十万人で、約五パーセントを占めた。人口が最大だった都市は台北市で、約三十万人、うち内地人は十万人近く、三割程度を占めた。人口が二番目に多かったのは台南市で、十二万人余り、うち内地人は約一万七千人。高雄《たかお》市がこれに次

台南市内の拡大地図

ぎ、約十一万人、内地人は二万六千人ほどだった。

日本統治期に近代的な都市設計が進められ、内地から移住者の多かった台北市や高雄市と異なり、台南市では本島人が人口の大半を占めた。一九三八年前後、台北市や高雄市の内地人率が二十五パーセントを超えていたのに対し、台南市では十三パーセントにすぎない。台南市を含む台南州は人口が百五十万人近くと、百十万人の台北州を抜いて最大だったが、内地人率はわずかに三パーセントで、全島の平均を下回った。

古都台南には、台湾の歴史が地層のように積み重なっている。どこを歩いても旧跡に行き当たり、由来をたどれば何がしかの時代へとさかのぼる。オランダ時代の旧跡としては「赤嵌楼《せきかんろう》」こと、「プロヴィンシャ城」が街の中心にそびえる。当時から残るのは城壁の一角だけだが、赤嵌楼を見上げると、この街が大航海時代の中で誕生したことを思い起こさせる。

赤嵌楼は鄭氏政権時代の旧跡でもある。オランダを駆逐した鄭成功は、拠点をプロヴィンシャ城に据え、「承天府《しょうてんふ》」と改称した。鄭成功が台湾侵攻後一年で死去すると、火薬貯蔵庫とされ、清《しん》朝時代には荒れ果てていたが、十九世紀後半、「海神廟《かいしんびょう》」や「文昌閣《ぶんしょうかく》」などの廟が建てられ、威容を取り戻した。市内にはほかにも鄭氏政権にまつわる旧跡や寺廟が随所に存在する。鄭成功を祀る「延平郡王祠《えんへいぐんおうし》」や、鄭経が擁立し、鄭氏政権が潰《つい》える際に縊《い》死した明《みん》の寧靖《ねいせい》王（一六一七－八三年）の、母の邸宅跡に位置する「大天后宮《だいてんこうぐう》」、寧靖王に殉じた五人の王妃たちを祀る「五妃廟《ごひびょう》」、鄭氏三代の台湾における礎を築いた重臣、陳永華《ちんえいか》（一六三四－八〇年）の邸宅跡とされる「陳徳聚堂《ちんとくしゅうどう》」は代表的なものである。

しかし今なお台南人の生活と密着して残る旧跡は、十七世紀に始まる台南の歴史の中でもっとも長期にわたる、清朝時代に設けられた数多くの廟である。

名勝古跡だけが台湾の歴史を語るのではない。台南の街の隅々、ここに住む人々、その生活、古くから伝えられたしきたりの数々、話される言葉こそ、歴史の証人である。台南の旧跡を訪ね、路地を歩き、人々の生活を見、声に耳をかたむけると、そこには王育霖のいう、台湾の呼吸や脈動、植民地時代を迎えての変化を感じることができた。

台南の廟や人々の暮らしに注意を払ったのは、台湾人の王育霖だけではない。台南に住んだ日本人たちも、人口の圧倒的多数を占める台湾人の生活に触れずにいられなかった。古い街の雰囲気にのめり込んだ者もいた。彼らの記録をひもときながら、街を西から東へ、台南のもっとも古い通りの一つ、「民権路《みんけんろ》」に沿って歩いてみたい。

台湾最古の繁華街、民権路を歩く

台南の街を東西に貫く民権路は、古くは「竹仔街《ちくしがい》」「嶺後街《れいご》」などと呼ばれ、日本統治期には「本町《ほんちょう》通り」などと名づけられた。台南で最初に栄えた通り、ということは、台湾のもっとも古い繁華街である。

東西に走る民権路に沿って、台南を代表する廟がずらりと並ぶ。風神廟《ふうじんびょう》、水仙宮《すいせんぐう》、北極殿《でん》、東嶽殿《とうがくでん》などは通りに面し、通りから少し入れば、大天后宮、祀典武廟《してんぶびょう》、赤嵌楼、陳徳聚堂、天壇《てんだん》、府城隍廟《ふじょうこうびょう》などの名だたる廟がひかえる。以上の廟の多くは、鄭氏政権時代の創建である。十九世紀後半、西洋人の宣教師が来ると、通りの近くで布教を始める。二十世紀に入って建てられた太平境《たいへいきょう》教会や看西街《かんせいがい》長老教会は、やはり民権路近くに位置する。

　民権路には台南を代表する老舗《しにせ》も数多く店をかまえる。台湾料理の名店である阿美《アーメイ》飯店、中華粽《ちまき》の再発号肉粽《さいはつごうちまき》、肉まんの萬川号《ばんせんごう》、茶葉の振発茶行《しんはつちゃこう》、甘味の太陽牌冰品《たいようはいひょうひん》は通りに面する。通りから少し歩けば、お土産の旧永瑞珍餅舗《きゅうえいずいちんへいほ》や、台湾料理の阿霞《アーシア》飯店、肉まんの禄記《ろくき》なども待ち受けている。

本町通り（旧竹仔街、現在の民権路）
出典：『日治時期的台南』（何培齊主編、台北：国家図書館、2007年）

　古都台南でも日本統治期には近代都市としての整備が進められた。台南駅と、町中心部のロータリー・大正公園（現在の湯徳章《とうとくしょう》紀念公園）を結ぶ、目抜き通りの「大正町《たいしょうちょう》通り」（現在の中山路《ちゅうざんろ》）、および大正公園から西へ走る、「台南銀座」とも呼ばれた「末広町《すえひろちょう》通り」（中正路《ちゅうせいろ》）が、台南の新しい顔と呼ぶべき通りになった。本町通りこと民権路も、明治末年の市区改正を経て近代的な街路へと変貌したが、道幅狭く、通りに面して建てられた近代建築は、台南公会堂くらいしかない。

　台南を訪れた人が、通りを一つだけ選び、古都の風情や食べ物を味わいつつ、街を端から端へと歩くなら、民権路を薦めたい。民権路と、この通りから分岐する、迷路のごとき無数の路地を歩めば、台湾の古い顔をかいま見ることができる。

台南運河を通って波止場へ――神農街周辺

古都台南の市中で、古色蒼然《こしょくそうぜん》たるたたずまいを残すのは、東西に走る民権路と、南北に走る主要道路、金華路《きんかろ》や海安路《かいあんろ》が交差する、市の西側一帯、神農街《しんのうがい》周辺である。

かつて安平《アンピン》から台南へ、運河を通って向かうと、上陸したのがこのあたりだった。古くは台南市の北側を流れる河川「曽文渓《そぶんけい》」が水運を担ったが、水害で使用に堪えなくなると、一八二三年、台南の商人らによって運河が掘られた。台湾海峡を渡る移民や商人・役人を乗せたジャンク船は、安平から運河を抜けて、台南市街地の西郊に到着した。遠路を無事に旅した人々の目に映ったのは、波止場《はとば》に建つ、風神廟や水仙宮だった。

台南運河
出典：『日治時期的台南』（何培齊主編、台北：国家図書館、2007年）

この古い運河がやはり水害による土砂の堆積で使用で

きなくなったため、日本統治期の一九二二年、旧運河の南側に近代的な新台南運河が掘られた。とはいえ、身投げの名所として悪名上がるばかりで、往年の繁栄を取り戻すことはなかった。交通は陸上に移り、まず軌道を走るトロッコ、のちにバスが台南市内と安平を結んだ。

一九三〇年代、台南の中学校で教鞭を執っていた歴史学者の前嶋信次（一九〇三—八三年）は、「台南行脚《あんぎゃ》」と称して街中をくまなく歩いた。学問から遠く離れた植民地の地方都市にあって、街歩きや歴史考証は鬱屈《うっくつ》のやり場だった。内地人を見かけることの少ない古い繁華街、水仙宮の周辺は、前嶋の好むところだった。廟前に立ち、港のあった昔日の光景を思い描く（「台南の古廟」『科学の台湾』第六巻第一・二号、一九三八年四月。杉田英明編『〈華麗島〉台湾からの眺望』平凡社東洋文庫、二〇〇〇年、三四二頁）。

現在の台南の水仙宮は、古めかしい、ごみごみした街中に立っているが、創建の当時は、厦門《アモイ》にあるものなどと同様に、廟前近くを海水が洗い、船舶の集る所となっていた。赤や青の戎克《ジャンク》船が、彩帆《さいはん》を降して碇泊《ていはく》するほとりに、廟の高い甍《いらか》が、その影を映じていたのである。されば、黒水溝《こくすいこう》の難航を凌《しの》ぎ、鹿耳門《ろくじもん》の険を越えて、はるばると台陽《たいよう》〔台南の古称〕に来着した旅人等は、その第一印象として、先ず、此《こ》の廟を脳裡《のうり》に止《とど》めたものが多かったであろう。しかし、年と共に、港は泥に埋もれて、廟前は雑踏の街衢《がいく》に変化して行った。

前嶋が台南に住んだ一九三〇年代、この一帯にもはや旧運河は来ていない。とはいえ、水運の痕跡は今も残る。民権路のすぐ北を東西に走る、神農街の両側には、ものさびた二階建て建築が並ぶ。見上げると、百年以上前の建築の二階に、外へ向かって扉のあることに気づく。前嶋が界隈《かいわい》を歩くわずか二、三十年ほど前まで、運河を伝って荷物が運搬されていた。二階正面に残る扉の跡は、水路を運ばれた荷物が、二階の倉庫へと、ロープで陸揚げされる際に用いられたという。神農街周辺を歩けば、今もかつての殷賑《いんしん》を思い描くことができる。

海峡を渡る移民たち

一六八三年、清朝が鄭氏政権を倒した。以降、日清戦争の結果日本へと割譲される一八九五年までの、約二百年あまり、台湾は清朝の版図にあった。先住民族が住む、いわゆる「化《け》外《がい》の地」ゆえ、積極的な統治を行わなかった清朝だが、台湾を対岸の福建《ふっけん》省の一部とし、台南を首府として「台湾府」を置いた。オランダ時代に始まる中国南部からの漢族の流入は、清朝統治下にあって拍車がかかる。

中国の南部沿岸地方、「華南《かなん》」と呼ばれる福建省や広東《カントン》省は、古くから海外貿易で栄えた。

良港が多く、商品経済が発達し、耕地が少ないため、食料を輸入に仰いだ華南の沿岸地域は、宋《そう》や元代《げん》には海上貿易の主役となった。清朝の統治が始まり政情が安定すると、華南の人口は増える一方だったが、十分な耕地を確保できなかった。清朝は明朝《みん》を踏襲して海禁政策をとったが、人口圧力が高まる福建や広東から台湾海峡を渡る移民は増えつづけた。

かつて台南の周辺には、平地の先住民族、平埔《へいほ》族のうち、シラヤ族が居住していた。しかし漢族移民が押し寄せると、内陸へと追いやられ、台南周辺の大部分は漢族の居住地となった。とはいえ、移民の多くは華南の人口過密な農村では土地を持つことのかなわない、次男や三男の独身男性だった。台湾では平埔族の女性と結ばれることが多かった。平埔族の文化は圧倒的な漢族の流入を前にして消滅の危機にさらされたが、両者は台湾独自の民族へと融合したと考えることもできる。

台南周辺の漢族は、福建省南部沿岸地域から来た、「閩南人《びんなん》」（「福佬人《ホクロー》」「河洛人《ホーロー》」とも称する）が中心である。「閩」とは福建の古称で、同様に広東は「粵《えつ》」、上海は「滬《こ》」や「申《しん》」と呼ばれる。福建省は方言が複雑で、省内でもひと山越えれば言葉の通じない地域がある。閩南人は「閩南語」と総称される、南部沿岸地域の方言を話した。台湾でもっとも大きな民族集団が閩南人であるため、のち閩南語が一般に「台湾語」と呼ばれた。

同じ閩南人でも福建省南部のどの地域から来たかで言語がやや異なった。台湾への移民は、古くからの港町、泉州《せんしゅう》と漳州《しょうしゅう》の出身者が多い。宋・元代に海上貿易で繁栄したのは泉州で、遅れて漳州が勃興した。泉州出身者は故郷が貿易港であるゆえに、貿易や漁業・製塩など海と関わる職を好み、沿岸の平原に住んだ。漳州はやや内陸の農業地帯のため、出身者は故郷と環境の似た内陸の平地を選ぶことが多かった。

さらに遅れて発展した厦門《アモイ》は、十七世紀半ばに鄭成功が台湾へ移動する前に拠点とした港町である。清代に入ると泉州や漳州を抜いて主要貿易港となった。阿片《アヘン》戦争後の一八四二年、南京《ナンキン》条約によって広州《こうしゅう》や上海《シャンハイ》などとともに開港され、国際貿易港として黄金時代を迎える。租界《そかい》（居留地）となった厦門半島沖の小島「鼓浪嶼《コロンス》」には、外国の領事館や、海外で成功した華僑《かきょう》が故郷に錦《にしき》を飾って建てた洋館が、現在も千以上残る。大連《だいれん》や青島《チンタオ》と並び、中国きっての美観を誇る港湾都市である。

一方、遅れてきた広東省東部内陸出身の「客家《ハッカ》人」は、先行する閩南人がすでに平地を押さえ、また出身地の梅州《ばいしゅう》（梅県《ばいけん》）周辺が内陸の山地ということもあって、台湾北部や南部の、中央山脈に近い内陸、丘陵地帯で開墾を進めた。客家はもともと「中原《ちゅうげん》」（現在の黄河《こうが》中下流域を中心とする地域）から、戦乱を避けて南方へと移動した漢族の集団である。移住後も拡散せず集住することで、独自の文化や言語を保持した。

台湾で客家人が多く住むのは、北部では、桃園《とうえん》市から新竹《しんちく》県・苗栗《びょうりつ》県にかけて、南部では、高雄市北東部から屏東《へいとう》県北西部にかけてである。閩南の伝統では装飾多く豊麗であることをよしとし、伝統的な民家は表情豊か、廟は華やかであることが好まれるが、客家は質朴を好む。民家や廟はこざっぱりとして清潔感がある。新竹の北埔《ほくほ》や、高雄の美濃《みのう》、屏東の内埔《ないほ》などの、こぢんまりとして端正な印象の町々に足を運べば、独特の民家や廟、食など、客家の伝統文化に触れることができる。

また台湾へは、広東省東部沿岸の港町からやってきた人々もいた。韓江《かんこう》デルタの中心都市潮州《ちょうしゅう》や新興の汕頭《スワトウ》は、数多くの移民を海外へ送り出してきた。香港《ホンコン》や、タイ・マレーシア・シンガポールなど東南アジア全域に、今も潮州人のコミュニティがある。地理的には広東省に属するが、「潮州語」は言語的には閩南語の一種である。台湾では閩南人と客家人の狭間《はざま》にあって、いずれかに同化していることが多い。

華南地方は古くから海外へと、華僑や華人（現地国籍を取得した中国系の人々）を送り出してきた。海外に土地や職を求めた理由は、人口圧に押し出されたり、戦乱や災害から逃れたりと、それぞれに異なる。出稼ぎ後は故郷に帰還する場合もあったが、移動先に根をおろしたケースも多い。一族結束して土地を拓き家や村を作り、故郷から守護神を奉じて廟に祀り、塾を設けて師を招き子弟を教育した。

漢族の目から見れば、台湾とは、海峡を渡った移民たちが裸一貫で切り拓いた新天地、となるだろう。くしくも太平洋の向こう、北米大陸で英国から来た移民がフロンティアを開拓したのも、十七世紀以降である。文字化された歴史の長さを台湾と米国は同じくし、先住民族の権利が踏みにじられた点でも軌《き》を一《いつ》にした。

民族間の混淆《こんこう》が進む現在、台湾の人々を出身地で分類することは困難だが、各民族グループの比率はおおよそ、先住民族が約二パーセント、閩南人が約七十五パーセント、客家人が約十二パーセント、戦後国民党政府とともに来台した「外省人《がいしょうじん》」が十二パーセント程度とされる。しかし客家人でも客家語を話せないケースは多く、閩南人がみな閩南語を話すわけでもない。戦後に来た外省人は各出身地の方言を家庭内で話していたが、世代交代とともに失われつつある。

台南の屋台料理――水仙宮市場と「沙卡里場」

台湾海峡を渡った旅人たちが水際に、前嶋信次が雑踏の中に眺めた水仙宮は、現在「長《ちょう》楽《らく》市場」の中にある。まるで生鮮市場のアーケードに祀られた廟のごとく見えるが、もともとは水仙宮があって、廟前の広場に市場が形成された。やがて屋根でおおわれ、屋内の廟のごとき現状となった。同じ区域にもう一つ、「永楽《えいらく》市場」があり、両者併せて「水仙宮市場」と呼ばれる。

永楽市場の周辺は現在もにぎわっている。市場の東側を南北に走る「国華街《こくかがい》」には、台南を代表する「小吃《シャオチー》」（軽食、屋台料理）の名店が多く存在する。ピーナッツ味の台湾風春巻を売る「金得春捲《きんとくはるまき》」や、豚肉の角煮バーガーの「阿松割包《アーソングーパオ》」、米粉を蒸して固めた台湾風茶《ちゃ》碗蒸《わんむし》の「富盛号碗粿《ふせいごうワンクエ》」など、ぜひ足を運びたい名店である。

西門市場
出典：『日治時期的台南』（何培齊主編、台北：国家図書館、2007年）

　水仙宮からバイクや人で混雑する国華街を南に下ると、左手に「西門《せいもん》市場」が見えてくる。日本統治期の「西市場《にしいちば》」、台湾人は「西菜市《サイツァイチー》」と呼んだ、市内西部の大きな市場である。かつては台南人の胃袋を支えたが、今では生ものはあつかわない。再開発の進む現在、周囲は軽食や甘味などの人気店が集中し、若い観光客を集める人気区域となっている。

　西門市場から国華街をさらに南下すると、今度は右手に「康楽《こうらく》市場」がある。別名の「沙卡里《さかり》場《ば》」とは、日本語の「盛り場《さかば》」のことで、かつては有数の繁盛の地だった。現在店の多くは営業しておらず、薄暗く廃墟《はいきょ》のようだが、市場の中央に忽然《こつぜん》と屋台街が現れる。ここには台湾名物「棺材板《グアンツァイバン》」の老舗「赤嵌点心店《せきかんてんしんてん》」や、おこわ(米糕《ミーガオ》)の「栄盛点心《えいせいてんしん》」、ソーセージ(香腸《シアンチャン》)が有名な「阿財点心店《アーツァイてんしんてん》」などの名店がひそむ。「棺材板」とは、揚げた食パンの中に中華風クリームシチューを盛った、和洋中折衷《せっちゅう》の逸品である。

神農街周辺は古い建築の修復や再利用が進み、洒落《しゃれ》たカフェやバー、雑貨小物を売る店などができたが、今なお台湾のもっとも古い雰囲気が味わえる一帯である。一方、水仙宮市場界隈は、市場の開いている時間帯や週末の昼間には、地元の買い物客や遠方からの観光客でごった返す。前嶋の語った、「古めかしい、ごみごみした街中」の、伝統的な食べ物の匂《にお》いが充満し、食欲を満たそうと人々が集まる活気ある光景は、昔も今も変わらない。

物売りの声

衣食住の中で、変化が少なく、しかも身をもって体験できるのは、食文化だろう。台湾では今でも、街角に常設や移動式の屋台を見ることができる。ことに夕暮れが近づくと、屋台が続々と登場する光景はいかにも台湾らしく、その場で調理される食べ物の匂いが食欲をそそる。例えば「臭豆腐《しゅうどうふ》」(発酵した豆腐揚げ)は、遠くからでも匂いでそれとわかる。

かつては屋台だけでなく、通りを流して売り歩く物売りがいて、入れ代わり立ち代わり、独特の売り声を上げていた。のちに料理研究家となる、台南の良家に生まれた辛永清《しんえいせい》（一九三三−二〇〇二年）は、幼いころ市の中心部に住んでいた。父の会社も兼ねたビルで、二階の台所が狭い裏通りに面していた。窓の下を通る物売りは、いくら眺めても飽きなかった。

朝いちばんに通るジャスミンの花売り娘。台南の女性たちの、結いたての髪を飾るのが、さわやかに匂い立つこの花だった。しじみの醬油漬《しょうゆづけ》売り、朝採りの貝をさっとゆでた売り屋が通り、漬けもの屋が通った。いずれも朝の食卓を飾った。昼には、ビーフンのスープ、豚の血が入った野菜スープ、雑炊《ぞうすい》、お粥《かゆ》など、手軽な昼食を提供する物売りが通る。午後にはおやつの甘い点心。夜は肉まん屋、杏仁豆腐《あんにんどうふ》屋、果物屋が通った。現在でも台南には多くの果物屋があり、深夜まで営業しているのは、行商時代の名残りかもしれない。夜が更け、人通りが絶えても、酒飲みのためのつまみが売られていた。

物売りには声があった。「豆花」や「米乳」を、台湾語で売り歩く、「タウフェ、タウフェ」「ビーニー、ビーニー」という声が聞こえると、幼い辛永清はじっとしていられなかった（『安閑園《あんかんえん》の食卓——私の台南物語』文藝春秋、一九八六年、二四−二五頁）。

豆を使った甘いものといえば忘れられないのが豆花《トウホア》である。ちょうど午後のおやつ時分に、天秤棒《てんびんぼう》を担いで売りにくる。前と後ろに下げた桶《おけ》はなにか保温の仕掛けがしてあった。底に炭火を入れる二重構造にでもなっていたのだろうか、中身はいつもほかほかしていて、蓋《ふた》をとるとふわっと温かないい匂いがする。デザート用の豆腐といってもいいようなもので、白くとろりとして豆腐よりずっとやわらかい。おたまですくって皿にとり、蜂蜜《はちみつ》とザラメを煮たような蜜をからませて食べる。

物売りは天秤棒に、食べ物の入った桶以外に、中国南方でよく見られる、竹で編んだ小さな腰かけをくくりつけていた。商売になりそうな街角で桶を下し、腰かけを並べると、即席の屋台となる。声を聞きつけ、「一杯もらおうか」と、小腹を空かした通行人が足を止め、近くの家から食いしん坊が出てくる。湯気の立つお椀《わん》をすする路上の人だかりを見て、辛永清は羨《うらや》ましくてならなかった。良家の子女は外食を禁じられている。買ってきてもらい家の中で食べるしかなかった（『安閑園の食卓』二六―二七頁）。

日本のおでんやラーメンの屋台が夕方から夜にかけての風物なのに対し、こちらは昼間。もっぱら男たちを相手にする日本の屋台にはグチやら溜息《ためいき》やら、人生の哀愁が漂うが、台南の売り屋にはそんな影はない。男も女も、大人も子どもも、小さな竹の椅子にペタンとしゃがむように腰かけて、おやつのひとときを楽しんでいく。大の男が昼間の町角で甘いおやつを食べる光景など、日本ではちょっと考えられないことかもしれないが、台湾の南の町、台南市の明るい青空の下を流れる売り声はのんびりしたものだったし、町には細かいことにくよくよしない南国特有のおおらかな気分が漂っていて、家庭の食事から市場の一膳《いちぜん》めし屋、町角の甘い点心《てんしん》まで、それぞれの味を楽しもうという人びとが暮らしていた。

「老街」を歩く——新美街

東西に走る民権路を、東へと向かう。南北に走る主要道路の一つ、西門路を越えて、もう一本東を南北に走る、狭い路地の「新美街《しんびがい》」は、旧称を「米街《べいがい》」といい、神農街と並び台南を代表する「老街《ろうがい》」である。

台湾を代表する媽祖《まそ》廟の一つ、大天后宮《だいてんこうぐう》や、祀典武廟《してんぶびょう》と並ぶもう一つの関帝廟《かんていびょう》、「開基《かいき》武廟」がひかえる新美街には、廟などで燃やす紙銭《しせん》や、灯籠《とうろう》、桶を売る店が現在も並ぶ。老舗の茶葉店「金徳春《きんとくしゅん》」も店をかまえる。大天后宮脇《わき》から祀典武廟前へと東西に走る狭い路地は、「算命街《さんめいがい》」、占い小路と呼ばれる。付近に由緒ある廟が集中するゆえに、赤嵌楼の西側から南側にかけては、台南の古い面影を残す一角となっている。

新美街を北へ上がって成功路《せいこうろ》と交差する周辺まで行けば、「旧来発《きゅうらいはっ》」という老舗の伝統菓子店や、赤嵌楼近くの大天后宮と並ぶもう一つの媽祖廟、「開基天后宮」がある。近くには府城隍廟《ふじょうこうびょう》と並んで産土神《うぶすながみ》を祀るもう一つの廟、「県城隍廟」があり、さらに北上すれば、潮州出身者が信仰する「三山国王廟《さんざんこくおう》」がある。閩南式のにぎやかな廟と異なり、反《そ》りを打たない屋根、装飾少なく簡素な建築は、台南では異色である。前嶋信次や國分直一が見た日本統治期の三山国王廟は、参拝者少なく、傷《いた》み果て、線香の工場や洗濯場にされていた。現在では潮州人の信徒により修復管理され、静謐《せいひつ》で清潔、落ち着いたたたずまいの廟には別種の趣きがある。

三山国王廟の近くには、「烏鬼井《うきせい》」なる古井戸がある。伝説によれば、オランダ時代にインドネシアから連れてこられた人々によって掘られたという。見慣れぬ肌の色から命名されたらしいが、ここも台南の歴史の地層が裂け目を見せる場所である。

新美街から民権路をさらに東へ歩むと、南北の主要道路の一つ、「永福路《えいふくろ》」に行き当たる。赤嵌楼の門前から小さく曲がりつつ南下する永福路は、清末の軍人、劉永福《りゅうえいふく》（一八三七－一九一七年）から名づけられた。広東出身の劉永福は一八七三年、フランス軍がベトナムへ侵攻した際に「黒旗軍《こっき》」を率いて戦い、仏軍を撃退した。八四年に始まる清仏戦争でも活躍し、九四年の日清戦争の際には台湾の守護を命ぜられた。九五年、日本への割譲《かつじょう》に反対して樹立された「台湾民主国」では大将軍に任命され、日本軍の南下に抵抗した。

永福路を北へ歩むと、民権路の一本北を東西に走る通り、「民族路」に行き当たる。T字型交差点の北側には、赤嵌楼が堂々たる姿を見せる。台湾の道路名には政権の変遷が刻まれている。清朝時代の名称は日本統治期に改名され、中華民国への「光復《こうふく》」（祖国への復帰）後再び改められた。民族路の場合、清朝時代の「范進士街《はんしんしがい》」などを利用して、日本統治期に「台町《だいちょう》通り」が整備されたが、戦後に中華民国建国の父、孫文《そんぶん》（一八六六－一九二五年）の「三民主義」（民族・民権・民生の三主義）にもとづいて改名された。同様に、「本町通り」が「民権路」へ、「錦町《にしきちょう》通り」が「民生路」へと、並走する三本の通りが改名された。台湾各都市の大通りは、孫文や蔣介石《しょうかいせき》（一八八七－一九七五年）の号《ごう》や名《めい》にもとづき、「中山路《ちゅうざんろ》」や「中正路《ちゅうせいろ》」と改名された。国民党の政治家林森《りんしん》（一八六八－一九四三年）は、日本統治期以前台湾に住んだことがあるものの、その後は縁がないが、各地に今も「林森路」がある。

一方、台湾の歴史を彩った英雄にちなんで命名された通りもある。「大宮町通り」は「永福路」へと改名され、台南駅から西へ走る「明治町通り」は、鄭成功にちなんで「成功路」と改名された。鄭成功の尊称「開山王《かいさんおう》」にもとづく「開山路」もある。安平など台湾各地にある「延平路《えんへいろ》」も、鄭成功の別称「延平郡王《えんへいぐんおう》」にちなむ。鄭氏政権の知恵袋、台湾開発に大きく貢献した陳永華にちなんで、「永華路」と命名された通りもある。

民主化以降の台湾では、「正名運動」といって、地名などを台湾風に変更することが主張された。民進党政権下の二〇〇六年に「中正」国際空港を「桃園《とうえん》」国際空港に改称したり、二〇〇七年に台北の「中正紀念堂」を「台湾民主紀念館」へと改称したのがその例だが（国民党政権へと戻った二〇〇九年、旧称に復帰）、全島共通の道路名はそのままである。どの街に行っても、街の中心に出たければ、中山路や中正路をめざせばよい。

媽祖の祭り

一九三二年五月のある日、前嶋信次は本町通り、現在の民権路に立って、祭りの行列を眺めていた。台湾で広く信仰される「媽祖《まそ》」（天后《てんこう》、天上聖母《てんじょうせいぼ》）の、年に一度の祭りだった。行列は街の中心部を練って回る。信賞必罰の「范《はん》将軍」や「謝《しゃ》将軍」など道教の神々や、「黒旋風李逵《こくせんぷうりき》」や「一丈青扈三娘《いちじょうせいこさんじょう》」など水滸伝《すいこでん》の英雄に扮《ふん》した「宋江陣《そうこうじん》」の一団、隈取《くまどり》をした若者や仙女に扮した美しい娘たち。幻のような行列に前嶋は見とれた。

前嶋が立つのは、民権路と永福路の交差点、「大井頭《だいせいとう》」という旧跡のそばである。立札があって、開鑿《かいさく》の年代は不明だが、鄭和《ていわ》の艦隊が航海の途中この井戸の水を汲んだとも、オランダ人が近くにプロヴィンシャ城を築いたとき防災用に掘ったともいう、と由来を語っていた。現在は大井頭を記念する石碑のすぐ南に、台南出身の映画監督アン・リー（李安、一九五四年―）も通った老舗の映画館、「全美戯院《ぜんびぎいん》」があり、手書きの広告看板が懐かしい。

道教の信仰が盛んな台湾では、年中いたるところで祭りが行われる。中でも台南は、街中に古い廟や寺があって、線香の煙りが絶えず、週末にはどこかの廟で祭りがある。

大天后宮（媽祖廟）
出典：『日治時期的台南』（何培齊主編、台北：国家図書館、2007年）

儀式の場は廟の中や前だけではない。旧暦三月、初夏の五月は、航海の安全を守る女神、媽祖の誕生月である。台南第一の名廟、大天后宮に祀られる媽祖が、わざわざ廟からお出ましになって、管下の地域を巡視なさるという。「媽祖遶境《じょうきょう》」といい、台南城内はもちろん、近隣の廟からも総出となった神々が、氏子に守られ神輿《みこし》に乗せられて先導を務める。

供奉《ぐぶ》の信徒は早朝から待機して、意匠を凝らした扮装に身を包み、街を練り歩く。順路を示した書きつけには、清朝時代の旧地名が記してあった。「三《さん》炮《ほう》で起行、抽籤巷《ちゅうせんこう》から武館街へ、十八洞《どう》から嶺後《れいご》街《がい》に抜け、辜婦媽《こふま》から菜市埔《さいしほ》、安海街を戯台後《ぎたいご》に向い、七娘境《しちじょうきょう》をすぎて元会境《げんかい》に至る」……。日本統治が始まって四十年、とうに失われたはずの地名が、民衆の間には生きていた。前嶋はのちに祭りを、美しい随筆に描いた（「媽祖祭」『三田文学』第四十二巻第四号、一九五二年六月。『〈華麗島〉台湾からの眺望』前掲、四〇七頁）。

大井頭のある大通りは、ゆるやかに傾斜して、もとの海岸の方に下っている。行列はいつまでもいつまでも続くが、それがどこに行くのか、皆海辺の方に去ったままかえらぬので、何か海中にねり込んで消えてしまう様な錯覚を起すのであった。華やかに、気負いたって、練りつつ、舞いつつ、耳を聾《ろう》するほどに銅鑼《どら》をたたき、チャルメラを吹き、また高脚子〔竹馬〕はとびつはねつしつつ、傾きかけた夏の日に真赤にそまった入海に向って繰《く》りこんで行く様であった。また行列に加わった乙女達の扮装は、これは一口に云えば絵草紙にある龍宮の風俗である。頭に鯛や比目魚《ひらめ》や色々の魚の形の冠を頂き、屋台の上にゆらゆらと乗り綾羅《りょうら》〔絹〕の袖《そで》をひるがえして舞っている。

龍の行列が紅《あか》い玉を呑《の》もうと左に右にうねり歩く。爆竹がはじけ、犬が鳴き、子どもが走り、纏足《てんそく》の老婆がつまずく。刺繍《ししゅう》の靴を履いた若い婦人が扉のかげからのぞき見ている。浮き立つ心を誰もがおさえかねた媽祖の祭りを、幼い日の王育霖も眺めた。一九三七年の日中戦争勃発前後から、台湾人を日本人へと同化する「皇民化運動」が進められた。日本語が強制され、寺廟が整理される一方、神社への参拝が推奨され、天皇への忠誠心が求められた。台湾人を「日本人」とするための、言語・宗教・教育面での統制が強まることで、台湾の風俗習慣は数年のうちに急速に姿を消していく。

王育霖が少年時代を思い返して、まず脳裏にひらめき、「無限の愛情」を感じずにいられないのは、媽祖の祭りの行列だった（「台湾随想」前掲）。

媽祖行列の時には我々は「路関紙《ろかんし》」（行列の道順表）を持ってよく行列を追っかけに行ったものである。私も一回兄と共に馬にのって、行列と一しょにねりまわったことがあった。店員が屋根裏部屋から仏轎《おみこし》の道具を出して、きれいにあらって組立てるのを私達小供はどれ位喜んで見ていたことであろう。全部通り過ぎるのには一時間半以上もかかった行列を、どれ位楽しそうに我々は目《ま》ばたきもせずに見ていたことであろう。

台湾人の信仰——媽祖と関帝

媽祖は十世紀ごろ福建省に実在した、黙娘《もくじょう》という人物に由来する。死後霊験《れいげん》あらたかとして各地に廟が設けられ、船乗りの守護神となり、十三世紀には信仰が中国沿岸一帯に広まった。福建や広東省出身者は媽祖を奉じて海を渡り、移住先に廟を建てて祀った。

媽祖への信仰は台湾においてことに篤《あつ》い。「黒水溝《こくすいこう》」と呼ばれて恐れられた台湾海峡を、素朴な航海技術で渡るには、神々の守護は欠かせなかった。海上の安全をつかさどる媽祖は全島に祀られているが、台南市内の大天后宮や開基天后宮は最古の歴史を誇る。規模の大きな廟には、台南市西郊の「鹿耳門《ろくじもん》天后宮」や、台南から北上した嘉義《かぎ》県新港《しんこう》の「奉天宮《ほうてんぐう》」、雲林《うんりん》県北港《ほっこう》の「朝天宮《ちょうてんぐう》」、彰化《しょうか》県鹿港《ろっこう》の「鹿港天后宮」などがある。旧暦三月の祭りでは、いずれの廟にも各地から参拝客が集まり盛大この上ない。

民権路と永福路の交差点、大井頭から北上すると、赤嵌楼の正門に至る手前に、大天后宮とともに台南を代表する廟の一つ、「祀典武廟《してんぶびょう》」がある。媽祖を祀る天后宮（媽祖廟）と、「関帝《かんてい》」（関羽《かんう》、関聖帝君《かんせいていくん》）を祀る武廟（関帝廟）とは、台湾のみならず世界中のチャイナタウンで広く見られる。関帝も実在の英雄、三国志《さんごくし》の関羽に由来する。

台湾で信じられている宗教は、道教と仏教が主である。先住民族にはキリスト教の信者が多く、また漢族でもキリスト教はもちろん、「一貫道《いっかんどう》」など各種の新興宗教の信者もいる。一九九〇年代以降、「新住民」と呼ばれる、東南アジアからの労働移民が増えると、インドネシア出身者を中心に、イスラム教徒も増えた。信仰は多様化しつつある。とはいえ漢族の多くは、自ら仏教、もしくは道教の信者と称する。

台湾の仏教は、教義や入信・修行、宗教団体、信仰心の篤さといった面で、組織的に整備されている。著名な仏教団体には、花蓮《かれん》市の「慈済《じさい》基金会」や高雄市の「佛光山《ぶっこうさん》」、新北市の「法鼓山《ほっくさん》」など、「五座山《ござさん》」と呼ばれる、規模の大きな団体がある。ボランティアや医療、教育の分野で盛んに活動し、大きな社会勢力となっている。

その一方で、台湾の道教は、民間信仰や民衆道教と呼ばれ、宗教というよりも、日常に密着した慣習としての信仰という面が強い。信仰の中心は廟である。廟は日本の神社に対比できるが、生活空間の中に今も息づく点では比較にならない。

街中にある道教の神々の祠廟《しびょう》と仏教の寺院とは、厳密な区別の困難なことが多く、併せて「寺廟《じびょう》」と総称される。廟の名称は、「廟」以外に、「宮《ぐう》」や「堂《どう》」「殿《でん》」「祠《し》」「亭《てい》」などと称する。小さなものも含めれば一万を超える寺廟が、全島あまねく祀られている。

廟には派手な扮装をした塑像《そぞう》の神々が祀られ、線香の煙りの中にお供えの菓子や果物などがうず高く積まれ、信者が始終出入りしては、線香を手にお参りをしたり、占いの道具である「筶《ポエ》」を投じて神や死者の意向をうかがったり、管理人と談笑したりしている。出入りは自由で、観光目的であれば廟の由来を記した紹介のチラシをくれるだろう。話しかければわが廟について熱心に語ってくれるはずである。

台湾の街には匂いがある。公共の交通機関がバスに限られる台南では、車やバイクの排気ガスの匂いも強いが、繁華街に来れば飲食店から、台湾で広く用いられる香辛料、「五香《ごこう》粉《ふん》」（八角《はっかく》・クローブ・シナモン・陳皮《ちんぴ》・花椒《ホアジャオ》などをブレンドした調味料）の匂いが流れてくる。中でも肉料理に欠かせない八角の香りは刺激が強い。薬草や果物の匂いもある。しかし台南に来たと何より実感させるのは、廟からただよう線香をかいだ瞬間だろう。迷路のような路地を歩み、ふと匂いに足を止めると、そこに廟があるのが、台南である。

心のよりどころ——チャイナタウンの廟

台湾の漢族の多くが福建や広東省からの移民であるため、両地の廟は海峡をはさんで共通のものが多い。中国大陸では、社会主義国家である中華人民共和国の建国（一九四九年）や、伝統を徹底的に破壊したプロレタリア文化大革命（一九六六－七六年）を経験したため、歴史ある廟が数多く破壊された。近年復活しつつあるが、数は減り、祭祀も多くない。

一方、中国系の人々が住む中国以外の土地では、廟を中心とした民間信仰が今も盛んである。海外に移民した中国人は、「華僑」、もしくは「華人」と呼ばれる。「錦を衣《き》て郷に還《かえ》る」といって、移民先で稼いで故郷へ錦を飾りたいと、いずれ本国への帰国を希望するのが華僑である。「地に落ちて根を生《は》や」し、移民先の国籍を取得したのが華人で、世界中にコミュニティを作って根を下ろした。

台湾や香港はもちろん、華人人口の多い東南アジアのシンガポール・マレーシア・インドネシアや、北米や欧州、日本や韓国など、世界中のチャイナタウンに廟を作り、廟を中心に活動した。華人の世界では、出身地を同じくする人々の相互扶助団体「同郷会館」、中国語で教える「華文学校」、中国語の新聞「華字紙」を、あわせて「華僑三宝」と呼ぶ。廟もこれらに並ぶ活動の拠点だった。

とはいえ、都市化が進んだ香港やシンガポールでは、廟の活動は下火である。台湾ほど廟がにぎやかな地域は多くない。海峡を渡った人々は、守護神として故郷の神々を連れてきた。「分香《ぶんこう》」といって、廟から廟へと神を祀る火がわけられ、全島の隅々へと行き渡った。

台湾の廟で数が多いのは、産土神《うぶすながみ》である「福徳正神《ふくとくせいじん》」（「土地公《とちこう》」とも称する）などを祀った、小規模なほこらである。だがどんな田舎町に行っても、派手に装飾した巨大で壮麗な廟を見かける。数多く見られるのは、「王爺《おうや》」「媽祖」「関帝」を祀った廟で、「玄天上帝《げんてんじょうてい》」「玉皇大帝《ぎょくこうたいてい》」「哪吒太子《なたたいし》」（中壇元帥《ちゅうだんげんすい》）などを主神とする廟がこれに次ぐ。「観音菩薩《かんのんぼさつ》」や「釈迦《しゃか》」を祀る街中の寺も、廟と同様の機能を果たすことが多く、例えば台北や鹿港の有名な「龍山寺《りゅうざんじ》」は、観音菩薩を祀る廟に等しい。

王爺と廟の祭り

道教の神々のうち、媽祖や関帝と並び広く祀られているのは、「王爺《おうや》」である。元来は瘟《おん》疫神《えきしん》だが、疫病を追い払う神ともされた。台湾は亜熱帯の気候ゆえ、開墾に際し風土病や流行病が多くの命を奪った。西部の沿岸地方には、大敵の疫病から守ってくれる王爺廟が数多く存在する。台湾のシャーマニズム、「童乩《タンキー》」は王爺廟に多い。祭りでは「王船」を作って海に流したり、海辺で焚いたり、亀の甲に「王」の字を刻んで放生《ほうじょう》することで疫病を払う。

前嶋信次は台湾の廟について調べ、王爺の祭りについても詳しい考証を記した（「台湾の瘟疫神、王爺と送瘟の風習に就いて」『民族学研究』第四巻第四号、一九三八年十月）。一九三〇年代も半ばになると、伝統的な宗教行事は以前ほど盛んではなくなる。十二年に一回といった大規模な祭りは目にすることが難しくなった。それでも信仰はごく身近にあった（『〈華麗島〉台湾からの眺望』前掲、三三〇頁）。

筆者が曽《か》つて、自宅の裏の小川で、一抱えもある巨大な亀を捕えた所、それを見た一本島人が「早くそれを放しなさい。それは悪い病気を持っています」と云って、亀の甲羅の一部を指したが、そこには「王」と云う字が刻してあった。其の後も、時々背に「王」と刻された大亀を台南の市内で目撃したが、本島人等はこれを非常に恐れる様子であった。

廟の祭りの時期や形式はさまざまである。神々の誕生日を祝う祭りがあれば、厄除けや死者の冥福《めいふく》を祈って道士が儀礼を行う「醮《しょう》」という祭りがある。旧暦三月の媽祖の祭りでは、各地の廟の信者が媽祖の像を捧げて「進香《しんこう》」なる巡礼を行う。旧暦八月には「鬼《き》」と呼ばれる死者の霊を慰める、盛大な「中元普度節《ちゅうげんふどせつ》」（施餓鬼《せがき》）が、一か月にわたり延々行われる。

祭りでつきものは、神々の行列、爆竹や花火以外に、豪華なご馳走《ちそう》である。大規模な祭りや普度節では、巨大な豚を中心に、ご馳走や供え物がこれでもかと並ぶ。廟近くの何もなかったはずの殺風景な空き地に、電動の人形を配した壇が作られ、吊《つ》るされた電球が不夜城のごとく照らし出す中、神への捧げ物が見わたす限り並ぶ。壮観というほかなく、異世界に迷い込んだかの錯覚をおぼえる。

廟さまざま

廟でどの神を祀るかは、かつては中国大陸の出身地ごとに異なった。閩南人と客家人は言葉の全く通じない関係で、開墾地をめぐり対立があった。同じ閩南人でも、泉州出身か漳州出身かによって、水利権などをめぐり「械闘《かいとう》」と呼ばれる武力闘争が頻発した。

各集団の団結のよりどころは寺廟だった。「保生大帝《ほせい》」や「廣澤尊王《こうたく》」は福建省泉州出身者によって祀られ、漳州出身者は「開漳聖王《かいしょう》」を、福建省北部沿岸の福州《ふくしゅう》出身者は「臨水《りんすい》夫人」を、広東省東部沿岸の潮州出身者や同省東部内陸の梅州《ばいしゅう》から来た客家人は「三山国王」を祀った。古都台南には全島で祀られる神のほとんどが祀られている。しかし現在では出身地域ごとの神は衰微《すいび》し、媽祖や関帝、王爺に人気が集まりつつある。

日本統治期、台湾人の民間信仰は治安に関係しない限り干渉されなかった。ところが一九三一年に満洲《まんしゅう》事変が起き、三七年に日中戦争が勃発して、総動員体制が求められると、「皇民化運動」が推進され、寺廟の廃止や合併・改建などの「寺廟整理」が進められる。しかし台湾の廟は戦争の時代を生き延び、現代へと信仰の火を守り伝えた。週末を台南ですごせば、街の総面積の何パーセントを占めるのだろうと思わせるほどの、無数の廟のうちいずれかが、祭りや行事をしている場面に出くわすことだろう。

御輿に担がれた神様の派手な行列が大音響を鳴らして街を練り歩き、廟の前で童乩《タンキー》が全身を振るわせて神を降ろしている。市内の北では、玉皇上帝を祀った「開基玉皇宮」や新美街の「忠賢堂《ちゅうけんどう》」、南では、哪吒太子を祀った二つの廟、府前路《ふぜんろ》の「昆沙宮《こんさぐう》」や西門市場前の「沙淘宮《さとうぐう》」などに足を運ぶと、盛んに活動が行われている。白昼の強烈な光線の下に、激しい色彩が動き、爆竹や太鼓・銅鑼《どら》・哨吶《チャルメラ》の音が響きわたり、人々の交わす台湾語が聞こえる。あるいは、湿気のせいで密度を増したかと思われる夜、爆竹や花火とともに闇《やみ》の中から、信者の集団が忽然と出現する。見慣れて退屈さえ覚えていたはずの、地方都市の風景の背後に、未知の世界がまだまだひそむことを痛感させる瞬間である。

伝統劇「歌仔戯」と人形劇「布袋戯」

廟の祭りにつきものが、伝統的なお芝居である。何年に一度といった祭りが行われる廟では、前の広場や道路の反対側などに、即席もしくはトラックの荷台を利用した舞台が設けられ、神様へ芝居が奉納される。もちろん観客が鑑賞してもいいわけだが、客席には暇そうな老人がまばらということが多い。芝居には、「台湾オペラ」とも呼ばれる「歌仔戯《コアヒ》」と、「布袋戯《ポテヒ》」という人形劇がある。いずれも盛衰はありながら、台湾を代表する伝統劇として生き延びてきた。侯孝賢《こうこうけん》監督の映画『戯夢人生』（一九九三年）は、戦前戦後の台湾を背景に、布袋戯の名人の人生を描く。

台中州の田舎町清水街《きよみずがい》で生まれ、日本および国民党統治期を通じて高級官僚として働いた楊基銓《ようきせん》（一九一八―二〇〇四年）は、幼いころ布袋戯を見るのが大好きだった（『台湾に生を享けて』日本評論社、一九九九年、二〇―二一頁）。

当時街で何かのお祭りがあると、人形芝居の劇団が招かれて演じていた。そういうとき、私は欠かさず見物に行き、屋台の上に取り付けられた仮設舞台の前に立って演技に見とれていたのであった。(中略)

当時の人形芝居は、私が公学校時代に見たものだけでもかなり多様で、流派も多かった。各派の顔造り、人形を操る手捌《てさば》き、セリフ、歌詞、シナリオ等も、それぞれ趣が異なっていた。「足の不自由な火仔《ヘア》」〔楊が好んだ人形遣いのあだ名〕は割合人気があり、人形も見事であったが、私は特に彼のセリフが好きであった。セリフの一句一句が明瞭で、私のような子供が聞いてもよくわかった。

布袋戯にしても歌仔戯にしても、台詞《せりふ》や歌には台湾語を用いた。由緒正しい発音を用いた台湾語で、漢文を教える私塾などで学んだ経験がなければ、音に込められた複雑な意味を理解できないほどだった。日本統治下にあって日本語教育が進められ、伝統文学が廃れる中、台湾語は使用の場を本島人の日常生活に制限されつつあったが、楊の幼かった一九二〇年代には、伝統劇の台詞から台湾語の味わいを耳に刻むことができた。

王育霖の弟育徳《いくとく》(一九二四―八五年)は、芝居好きの祖母のお伴をして、台南市内の「大舞台」という劇場で歌仔戯をよく見物した。目当ては祖母の買ってくれるおやつだったが、戦後台湾語の研究者となったとき、役者たちの聞いてほれぼれする台湾語の節回しに接したことが大いに役立った。兄育霖も同様の経験をもったはずで、劇場や廟の祭りで布袋戯や歌仔戯の台湾語を耳にしたことは、王兄弟の台湾語に対する愛着を深めたと思われる。

しかしこれら伝統劇も、育霖が旧制高校生となった一九三〇年代後半、皇民化運動の掛け声により、上演は困難になりつつあった。

大正公園

民権路と永福路との交差点、かつて前嶋信次が媽祖祭りの行列を見た、大井頭に戻ろう。永福路をしばらく南下し、東へと走る路地に入れば、鄭家の重臣、陳永華を祀る「陳徳聚《ちんとくしゅう》堂《どう》」に至る。路地をさらに東へ、南北に走る忠義路《ちゅうぎろ》を越えて歩めば、「天壇《てんだん》」や「北極《ほっきょく》殿《でん》」に行きつく。道教の最高神、「玉皇上帝」を祀る天壇は、最高の格式を誇る廟の一つである。すぐ北側には、民権路に面して北極殿があり、こちらは「玄天上帝」を祀る。廟の名の通り、北極星が本体の玄天上帝は、媽祖と同じく航海の守護神である。付近には線香や金紙を売る店があり、また台南を代表する台湾料理店、阿霞《アーシア》飯店や阿美《アーメイ》飯店がある。

天壇の面する路地を東進すると、南北に走る公園路に出る。右手に日本統治期の測候所の建物を見つつ、公園路を南へ少し下れば、都市台南のへそというべきロータリーに出る。

台南州庁（現在の国立台湾文学館）
出典：『日治時期的台南』（何培齊主編、台北：国家図書館、2007年）

日本統治期には第四代台湾総督・児玉源太郎《こだまげんたろう》（一八五二－一九〇六年）の像が立っていたロータリーは、「大正公園」という。戦後には三民主義にもとづき、「民生緑園」と名を改め、二十一世紀に入ってから、一九四七年の「二・二八事件」で犠牲となった弁護士の名を刻んだ、「湯徳章《とうとくしょう》紀念公園」へと名を変えた。

　ロータリーの周囲には、台南州庁、警察署、消防署など、主要な官衙《かんが》がずらりと並ぶ。中でも威容を誇るのは、台南州庁の建物である。設計者は森山松《もりやままつ》之助《のすけ》（一八六九－一九四九年）で、台湾総督官邸（現在の台北賓館）や台北州庁（監察院）、専売局（台湾菸酒公司《えんしゅこうし》）、台中州庁（台中市政府）など、各地に官庁建築を残した。台南州庁は森山の代表作で、現在は国立台湾文学館となっている。台南にはもう一つ、森山の設計した台南地方法院が残っており、こちらは台湾司法博物館として公開されている。

ロータリーから四方八方へと、放射状に街路が伸びる。南西方向へしばらく行ってから西進する「末広町通り」、現在の中正路は、近代都市としての台南を象徴する繁華街で、「台南銀座」と呼ばれた。ここには台南随一の百貨店、「ハヤシ百貨店」（林デパート）があった。長く廃墟のようになっていたが、改修を施されてよみがえった。台湾は古い建築のリノベーションが盛んで、各地で日本統治期の建物が修復されて生き長らえている。

中正路とは反対方向、北東へと走る「大正町通り」、現在の中山路は、日本統治期のメインストリートである。街中心部のロータリー大正公園と、南北縦貫《じゅうかん》鉄道の台南駅を結び、堂々たる大通りの両側に鳳凰木《ほうおうぼく》が街路樹として植えられた。大木へと育つ鳳凰木は、初夏の五月になると、燃え上がるがごとき真紅の花をつける。圧倒的に咲き誇る鳳凰木の並木は、南の古都の表玄関にふさわしい豪奢《ごうしゃ》な光景だった。

嶽帝廟付近と新楼——冥界と西洋文化

大正公園から公園路を少し北上して再び民権路に戻り、さらに道沿いに歩む。ここまで東へ走ってきた民権路は、日本統治期の「台南公会堂」（現在の呉園芸文《ごえんげいぶん》センター）を通り過ぎ、台南の大通り、中山路をまたいだあたりから、南東へと向きを変える。民権路と東西に走る青年路が斜めに交差する角には、老舗の饅頭《マントウ》店「萬川号《ばんせんごう》」があり、斜め向かいには、フルーツの砂糖漬けの名店「台南蜜桃香《みつとうこう》」がある。右手に老舗の茶葉店「振発《しんはつ》茶行」を見ながら民権路を進むと、「東嶽殿《とうがくでん》」（嶽帝廟《がくていびょう》）の前に出る。

東嶽殿付近は、風神廟や水仙宮のある神農街一帯や、大天后宮のある新美街一帯と並んで、古い雰囲気が残る界隈である。かつて「金葫盧街《きんころがい》」と呼ばれた一帯を愛したのが、國分直一《こくぶなおいち》である（「写真解説　台南の風物」『民俗台湾』第二巻第五号、一九四二年五月）。

嶽帝廟を囲む街々を歩いていると支那的なフェアリーテールの世界にいるような気持になる。／迷路の片隅には幽霊の出るという古井戸があったり、土塀の上に月《ゴェ》と称する半月或《あるい》は満月の形をした魔よけがつくってのせられていたりする。廟の前には線香を作る店があり、屋根にはつくりたての線香が乾《ほ》してある。その乾し方がなかなか面白い。廟の中に足を一歩ふみ入れると、古き神々が肘《ひじ》をはり、眼をかっと見ひらいて生々といきづいているのである。

「東嶽」とは山東《さんとう》省の泰山《たいざん》を指す。中国「五嶽《ごがく》」の一つだが、泰山は別格で、秦《しん》の始皇帝《しこうてい》や漢の武帝が「封禅《ほうぜん》」の儀式を行ったように位高く、古来死者の魂が集まる地とされた。この世で悪事を働くと、「范《はん》将軍」や「謝《しゃ》将軍」に引き立てられ、「東嶽大帝」（泰山府君）の前で裁きを受ける。死後の霊魂の世界を支配する神であり、廟の向こうには冥界が広がる。東嶽殿から少し北上すると、産土神である「府城隍廟《ふじょうこうびょう》」がある。「城隍」とは町の守護神だが、東嶽大帝同様、冥界を支配する神でもあった。

東嶽殿と府城隍廟にはさまれるようにして、西門市場と並んで台南人の胃袋を支えた、「東門《とうもん》市場」（東菜市《タンツァイチー》）がある。台湾では現在も生鮮食品は市場であきなわれ、街中に必ず巨大で活気ある市場がある。台南市内には、北に鴨母《おうぼ》寮《りょう》市場、西に水仙宮市場、東に東門市場があり、地元の買い物客でにぎわう。台湾のみならず、中国や香港、各地のチャイナタウンなど、中国系の人々が住む都市では、コミュニティの中に市場があるのか、市場をとりまいてコミュニティが作られるのか判然としないほど、生活に欠かせない。東嶽殿付近は生者と死者が交わる地点で、台湾人の世界観を支える心のよりどころであり、生活の中心でもあった。

東嶽殿
出典：『府城今昔』（周菊香、台南：台南市政府、1992年）

民権路をさらに東南へと歩めば、やがて東門ロータリーに着く。民権路はここまでだが、南北に走る縦貫鉄道の線路を越え、東区へと入れば、「新楼《しんろう》」と呼ばれる地域である。「私は岳帝廟街を通ってこの洋楼の地帯に出るが、世界が忽《たちま》ち異《ちが》ってしまう」と國分が記した(「洋楼と廟」『壺を祀る村』東都書籍、一九四四年、二九頁)ように、東嶽殿付近と打って変わって、新楼は明朗で、垢抜《あかぬ》けた空間だった。

十九世紀後半、台湾が対外的に開かれると、北部では淡水にカナダ長老教会の宣教師マッケイが拠点を定め、布教や教育・医療活動を行った。南部ではジェームズ・マクスウェル(中国語表記は「馬雅各」、一八三六―一九二一年)やウィリアム・キャンベル(「甘為霖」、一八四一―一九二一年)、トマス・バークレー(「巴克礼」、一八四九―一九三五年)らの宣教師が活動した。いずれもイングランド長老教会から派遣されたスコットランド人である。長老教会は民権路近くに太平境《たいへいきょう》教会や看西街《かんせいがい》長老教会を設けたが、市の東の新楼に、台南神学院や長老教中学校・高等女学校、新楼医院を設立した。洋館が立ち並ぶ新楼一帯は、オランダ時代をのぞけば、市内でもっとも早くに西洋の文化が花開いた場所だった。やがて新楼を含む東区は文教地区となり、日本統治期に台南高等工業学校が設けられ、同校は戦後、台南の誇る名門大学、成功《せいこう》大学となった。

台南の廟はまだまだ尽きない。鄭成功を祀る延平郡王祠の近くには、前嶋信次の愛した、台湾では珍しい「馬公廟《ばこうびょう》」がある。さらに南へ行けば、台南を代表する廟の一つ、街中にあって静けさに包まれた、「五妃廟《ごひびょう》」がある。一つ一つの廟に歴史があり、込められた民衆の願いがあり、しかも現在も地域の民衆の中で生きていて、人の集まる場所、心を持ち寄る場所となっている。台南を知ることは、廟を知ることだといってもいい。

伝統的教育機関、「書房」

民権路の東端にある東門ロータリーから、東西に走る府前路《ふぜんろ》を西へと戻る。途中左手に延平郡王祠を見ながら西進すれば、湯徳章紀念公園のロータリーから南下してくる、南門路《なんもんろ》と交差する。ここから南へ下れば「大南門《だいなんもん》」にたどり着き、さらに南に「五妃廟」がある。いずれも台南を代表する旧跡だが、街歩きの最後は、やはり孔子廟に足を運びたい。

旧制高校生だった王育霖が孔子廟に思いを馳せたのは、幼年時代への懐旧からだけではない。孔子廟はそもそも教育機関であり、伝統的な知識や慣習を継承する場だった。東門ロータリー近くの路地に位置する「奎楼書院《けいろうしょいん》」など、台南には数多くの伝統的教育機関があった。

日本の寺子屋に相当する、伝統的な民間教育機関は、「書房《しょぼう》」という。一九二〇年代、王育霖が公学校に通っていたころ、廟の後殿や、宗祠《そうし》（同姓の人々が設けた会館）、路地の奥から、子どもたちが古典を素読する声が聞こえてきた。古い生活を守る台南では、子弟を公学校や小学校以外に、書房にも通わせた。王育霖・育徳兄弟も、漢族の文化に誇りを持つ父親の意向により、書房で学んだ。漢文の素読には台湾語を用いたが、同じ漢字に対し、口頭で用いる音と書面で用いる音には相違があった。素読では「文言《ぶんげん》」の音が用いられた。書房は礼儀作法を学ぶ場でもあり、入学の儀式はこんな具合だった(「台湾随想」前掲)。

私の漢文修学は少し早い方であるが、通常〔数え年の〕六七歳頃から漢文を習い始める。入学する時には書房の先生の所へ父か母かが同伴して、子供に赤く染めたゆで卵、葱《ねぎ》、芹菜《せりな》(おらんだみつば〔セロリ〕)、及び土豆糖《どとうとう》(南京豆《ナンキンまめ》〔ピーナッツ〕を砂糖で固めた菓子)を持たせて行く。すると先生は子供を書房の正面に祀っている孔子に礼拝させた後、子供に命じてその机の下で卵を転がさせる。その時卵が真直《まっすぐ》に転んだ程学問ができると言われている。又葱《そう》は聡明の聡《そう》と発音が同音なる為賢いという縁起により、芹菜の芹《きん》は勤《きん》と同音で勤学に通じ、土豆糖は学友に分配されるもので、お互に砂糖の甘さのように仲よくなるという縁起に依《よ》るのである。

豊かな大家族に生まれた王育霖の場合、子どもが多いこともあって、家に教師を招いて書房が開かれた。眼光炯々《けいけい》として威厳のある、伝統文学の継承者、趙雲石先生は、生徒が字を読み間違えると、大きな恐ろしい声で叱るように訂正した。

画数の少ない漢字を習字して覚えてから、教科書として「三字経《さんじきょう》」を最初に読み、次に「四書《ししょ》」（大学・中庸《ちゅうよう》・論語・孟子《もうし》）を読み、さらに「千字文《せんじもん》」などに進む。まず読み方を教え、次に暗唱をし、どんどん範囲を増やしつつ、解釈する。その日の分を教えてもらうと、大声で素読をし、疲れると習字をした。

父親の強制で嫌々学んだ王兄弟だったが、この経験が旧制高校に入り、台湾の古い文化や台湾語の研究をする際に大いに役立った。王育霖が旧制高校に入学した一九三〇年代後半、皇民化運動の進む中、若い台湾人や台湾で生まれ育った日本人の間で、台湾の文化を研究しようという新しい動きがあった。流行の一つに、台湾の民間歌謡「歌仔《コァ》」を記した、『歌仔《コァ》冊《チェ》』の蒐集《しゅうしゅう》がある。新垣宏一の友人だった中村忠行《なかむらただゆき》（一九一五—九三年）らが、歌仔を印刷した小さな冊子、『歌仔冊』を集め始めた。蒐集熱は王兄弟にも伝染した。

好事家《こうずか》的な動機の日本人と異なり、王兄弟にとって「歌仔」は、綿々と歌い継がれてきた台湾人の貴重な声だった。読解には高度な台湾語の知識を要したが、かつて書房で学んだ知識が生きた。のち、兄育霖の死後、日本で台湾語の研究を進めた弟育徳にとって、『歌仔冊』は貴重な文字資料となった。

日本統治が始まって二、三十年経過すると、新式の学校が設けられ、日本語が普及し、思想や生活様式が変化する。書房は減少し、あちこちから響いた漢文素読の声も、日中戦争の始まる一九三〇年代の後半には、まれにしか聞かれなくなった。代わって鳴り響く朗読の声は、「国語読本」のそれである。子どもたちが朗々と唱える、台湾語と日本語による素読の声、二つの音が共鳴、あるいは反撥《はんぱつ》しあって、王育霖の耳に入った。「多情多感な遊子の心を乱打」したのは、その声が台湾人や台湾語の置かれた状況を反映していたからだった。このまま日本統治がつづけば、台湾から台湾語は、台湾の伝統的な文化は、すべて消え去るのではないかとの危惧を抱いた。

台湾の言語

王育霖が孔子廟を懐かしんでから六年後、太平洋戦争に敗れた日本は、台湾から去る。日本統治期に教育を受けた台湾の知識人により、日本語の使用は残存したが、日本語による教育はまもなく終焉を迎える。公の場からかつての「国語」は消え去った。代わって新しく「国語」となったのは、国民党政府とともにやってきた中国語の標準語である。

台湾は歴史的な経緯から、多民族が共存する社会である。互いに言語を異にする、数多くの先住民族や漢族の民族集団があり、そこに日本人が加わった。植民地統治により日本語が普及することで、民族の違いを超えた対話が可能になったが、家庭などプライベートな空間では従来の言語を話しつづけた。結果として台湾人の多くが複数の言語を操った。

戦後に「国語」となった中国語の標準語を、現在は「台湾華語」と称するが、今でも外国人が中国語を話すと、「国語が上手ですね」と褒められる。一方、台湾語の使用は家庭や民間に限定され、教育の場で用いられるのは小学校低学年などに限られた。

中国語の浸透とともに、使用言語の相違のため、世代間の対話が成立しない悲劇が起きたが、現在では中国語が通じないケースは滅多にない。反比例して、複数の言語を話す人は減りつつある。先住民族の若者には自民族の言語に関心を示さないことがある。一九九〇年代まで、戦前に日本語で教育を受けた台湾人の話す日本語をよく耳にしたが、今ではまれになった。

一九八〇年代から台湾の民主化が進むと、台湾人意識の高まりとともに、台湾語が脚光を浴びる。台湾に住む人の七割以上を占める閩南人の言語であるゆえに、選挙では親しみを込めて台湾語による演説がなされた。公的言語としての中国語の地位がゆるぎない一方、これに対抗する「台湾語ナショナリズム」とでも呼ぶべき主張が起きた。

王育霖の弟育徳は、日本で独立運動をしながら、台湾語の研究や普及に尽力した。一九四九年の日本亡命後、台湾の土を踏むことなく死去した王育徳は、台湾語が大手を振って話される時代が再び来るのを見ることはなかった。兄弟がもっと長く生きて、台湾の街角で、メディアで、教室で、堂々と話される台湾語を聞いたら、どのような感想を持っただろうか。

人々の話す声に、新たな「脈動」や「変遷」を感じたろうか。もしかすると、多数派の言語である、中国語の圧倒的な浸透や、再び勢力を取り戻した台湾語を前に、先住民族の言語や客家語など、消滅の危機を迎えかねない少数者の言語に対し、複雑な思いを致しただろうか。

第五章　日本による植民地統治——民族間の壁と共存

「西来庵事件」の余波

一九一五（大正四）年、台湾南部の新興港湾都市・高雄《たかお》の、日本人と台湾人が雑居する哨《しょう》船町《せんちょう》で、日台の少年たちの間に起きた大喧嘩《おおげんか》を、ある日本人少年が見つめていた。少年は幼く、喧嘩には加わらなかった。季節は夏、花の散った栴檀《せんだん》の樹によじ登り、葉の茂みのすき間から、息をひそめて戦況を見つめた。少年の名は、のちに民族考古学者となる國分直一《こくぶなおいち》（一九〇八－二〇〇五年）である。後年、小さな合戦を次のように回想した（『遠い空——國分直一、人と学問』安渓遊地・平川敬治編、海鳥社、二〇〇六年、三七頁）。

着物のすそをはし折って縄の帯などをまきつけて、はだしになって棒きれをもっていた。ポピーさん〔日本側の餓鬼大将〕はひときわ目立って大きく、袴《はかま》をつけていたのが異様であった。両方から斥候《せっこう》が出たり、よせたりかえしたり。郵便局官舎の周囲で戦争がはじまった。そしてとうとうポピー部隊長を先頭に苦力《クーリー》小屋前に肉迫《にくはく》して打《ぶ》つけるの大乱戦になったが、苦力たちのおかみさん連のかなきり声をあげての騒ぎにさーっと退却していった。

この喧嘩で、台湾人側から小石のつぶてを食らって、日本人の少年が目を負傷した。主に日本人の通う小学校と、台湾人の通う公学校の、両方の教師が出て騒ぎの始末をつけた。喧嘩の原因は、小学校と公学校の、民族の異なる生徒間の敵対感情だったが、きっかけがあった。一九一五年、漢族による大規模な抗日蜂起、「西来庵事件《せいらいあんじけん》」が起きた。宗教指導者の余清芳《よせいほう》（一八七九－一九一五年）は、台南《たいなん》市内の廟《びょう》、西来庵を根城に、同志らと語らって、日本統治の転覆と理想郷の実現をもくろんだ。しかしその地下活動は官憲の察知するところとなる。進退きわまった余清芳らは、台南市西郊の噍吧哖《タバニー》（現在の台南市玉井区）で決起したが、警察や軍の出動により、数百名の関係者が殺害され、逮捕者のうち八百名以上が死刑判決を受けた。のち特赦《とくしゃ》で多くが無期懲役となったものの、余清芳以下百名ほどが処刑された。漢族による大規模な抗日蜂起としては、この西来庵事件が最後となった。

事件の余波は、高雄の日本人町に住む少年たちにも及んだ。台湾人に対する反感が、日本人社会に沸《わ》き起こる。小学校の担任は國分少年たちに向かい、「あんな事件いくらおきたって平気だ、大陸軍と大艦隊があることを田舎の人たち知らないんだからおかしい」とせせら笑ったという。小学校高等科の餓鬼大将たちは、台湾人集落を襲撃する計画を練った。そして夏休みの終わりに近い日、大喧嘩が始まったわけである。

新興港湾都市・高雄

國分直一は東京で生まれたが、まもなく高雄の郵便局に勤める父のもとへと、母に連れられ移住し、幼少年時代を高雄市内の日本人町ですごした。

高雄は旧名を「打狗《ターガウ》」という。一九二〇年、打狗の台湾語音にみやびな地名の漢字を当てて、「高雄」と改名された。日本統治期に飛躍的な発展を遂げた、典型的な植民地の都市である。街の東を高屏渓《こうへいけい》が流れ、西と北に高雄山（現在の寿山《じゅさん》）があり、南の旗津《きしん》半島で海に接する。街の中心を高雄川（現在の愛河《あいが》）が流れ、川べりは憩いの場だった。

旗津半島は今では海鮮を提供するレストランが立ち並び、高雄を代表する観光地となったが、古くから漢族が居住する漁村だった。もとは砂州《さす》で、南東から北西へと、細長く平らに伸びている。北西端には、海に突き出た小高い丘状の地形の、旗後山《きごさん》があり、北から南へと下りてくる高雄山との間に、狭い海峡を形づくった。ここが絶好の出入口となって、高雄港

高雄港
出典：『日治時期的海運』（何培齊主編、台北：国家図書館、2010年）

を天然の良港たらしめた。

　一八五八年の天津《てんしん》条約により高雄が開港すると、旗後山に灯台が設置され、八四年に始まる清仏《しんふつ》戦争の際には砲台が設けられた。開港後まもなく、旗津半島と向かい合う、北の高雄山の南麓に、英国が領事館を設けた。旗後山の灯台と、高雄山の領事館とは、海を隔てて指呼《しこ》の間にある。丘の上の灯台から眺める港は格別美しい。飛行機で高雄に向かえば、空港に着陸する寸前、世界屈指となった国際貿易港の全景を、空から見わたすことができる。侯孝賢《こうこうけん》監督の映画『風櫃《フンクイ》の少年』（一九八三年）は、澎湖《ほうこ》の不良少年たちが都会の高雄に出て集団生活を送る物語だが、工業都市となった一九八〇年代前半の高雄の風景が描き込まれている。

　一八九五年に日本が台湾を領有して以降、旧来の港安平《アンピン》に替わって、高雄は南部の重要な港湾都市として開発された。港内の浚渫《しゅんせつ》工事で出た土砂を用いて、高雄山と高雄川の間の浅瀬が埋め立てられ、日本人町が形成された。湊町《みなとちょう》・新浜町《しんはまちょう》・堀江町《ほりえちょう》などと和風に名づけられる一方、古くからの地名である、哨船町や塩埕町《えんていちょう》も存在する。役所や警察署・水上警察・郵便局・銀行・小学校・寺院・駅などが設けられ、台湾にありながら、日本を近代化して移植した街となった。

高雄に居住する日本人は、一九三〇年代後半で約二十五パーセントに達し、台北《たいほく》と並んで日本人の割合が高い街だった。日本人と台湾人の居住区は、多くの場合截然《せつぜん》と分かれていた。湊町から新浜町にかけての日本人居住区は、貨物の路線が港へと走っていたことから、「浜線《はません》」と呼ばれた（現在は「哈瑪星《ハマシン》」の字を当てる）。戦後、市の中心部が東へ移動したことでさびれたが、貨物路線跡地の再開発や日本家屋の修復、地下鉄（捷運《ジエユン》）西子湾《シーズワン》駅やライトレール哈瑪星駅の開設によって、近年活気が戻りつつある。

國分の一家は高雄山の南側、哨船町の、日本統治以前に建てられた巨大な洋館に住んだ。日本人町では西の端で、さらに西へと山を登れば英国領事館があり、東に運河、南には海の向こうに旗津半島が横たわる。目の前の内港を、巨大な汽船や軍艦が横切るのは壮観だった。ここには今も船着き場があって、小さなフェリーに乗って高雄港や旗後山を五分も眺めていれば、すぐ対岸の旗津半島に上陸できる。

國分直一が日本人と台湾人少年たちの喧嘩を見ていた、一九一〇年代半ばの第一次世界大

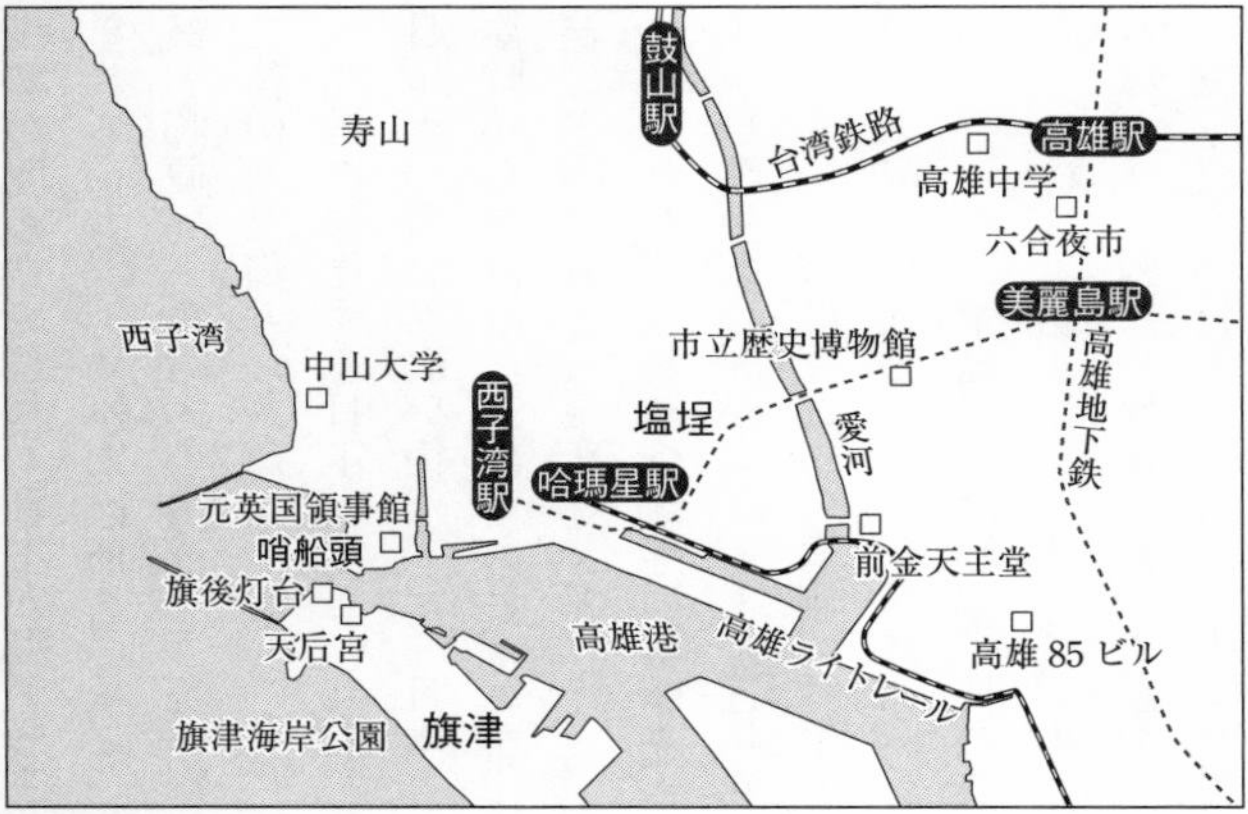

高雄拡大図

戦前後、日本が新興国として世界の舞台に登場していく時代は、港町にも活気があった。日本人町には、官吏や貿易会社・海運会社などの社員、商売人、漁師、労働者と、日本人の小集団が作られていたが、共通していたのは日本の将来への希望だった。一九一四年に始まる第一次大戦に日本も参戦し、ドイツの租借地だった青《チン》島《タオ》を攻略し、南洋群島を占領した。國分の父は興奮しながら新聞の戦捷《せんしょう》報道を母に読み聞かせた。

　國分の住む哨船町は、もとは哨船頭といった。日本人町の多い高雄だったが、ここには台湾人も古くから居住し、漁業や港湾の労働に従事していた。郵便局でサンパン（台湾式の小型船）の漕ぎ手をしていた台湾人水夫の「テンプクさん」は、幼い國分を可愛《かわい》がってくれた。嵐で波にさらわれそうになった父を助けようと、黄色い海に飛び込んだ國分少年を、救助してくれたこともあった。高雄港に日本海軍の艦隊が雄姿をあらわしたとき、國分少年は軍艦旗の美しさに魅せられ、國分の父は母に向かい艦隊の威風を語った。たまたま来合わせた台湾人のテンプクさんは、しかし日本語で、「勇ましかったね」と語ってにこっと笑うのみで、「私たちのように歓喜する顔ではなかった」という（『遠い空』三四頁）。

日本軍の台湾占領と北の港町・基隆

日本が台湾および澎湖諸島を植民地とするのは、日清戦争に勝利し下関条約を結んだ、一八九五年のことである。日本の台湾統治は一九四五年までの約半世紀に及んだ。

割譲されたからといって、台湾島民が日本統治をすんなり受け入れたわけではない。地元の有力者丘逢甲《きゅうほうこう》（一八六四－一九一二年）らは、清朝の役人、台湾巡撫《じゅんぶ》の唐景崧《とうけいすう》（一八四一－一九〇三年）を総統に奉じ、防衛軍の将だった劉永福《りゅうえいふく》を大将軍として、一八九五年五月二十三日、「台湾民主国」の独立を宣言した。しかし唐景崧らは早々に厦門《アモイ》へと逃げ去る。台南まで退いていた劉永福も、日本軍の南下を持ちこたえられず、十月には安平から厦門へと脱出した。台湾民主国は五か月の短命に終わった。

しかし、割譲された台湾島の、日本軍による接収が、順調だったわけではない。

基隆港
出典：『日治時期的海運』（何培齊主編、台北：国家図書館、2010年）

一八九五年五月、台湾北部に上陸した日本軍は、基隆《きりゅう》を陥落させた。台湾の東北角に位置し、三方を山に囲まれて湾に面する基隆は、古くは十七世紀にスペインが拠点とした、北部の重要な港である。高雄と並ぶ天然の良港で、一八六三年、南部の安平・高雄や北部の淡水《たんすい》とともに対外貿易港として開かれた。八四年には清仏戦争の舞台となり、仏軍を撃退した砲台が付近の山に遺跡として残る。八五年に台湾巡撫《じゅんぶ》となった劉銘伝《りゅうめいでん》（一八三六－九六年）は台湾の近代化をめざし、南北縦貫《じゅうかん》鉄道の敷設を計画する。まず基隆と台北との間に鉄道が敷かれ、日清戦争までに基隆－新竹《しんちく》間が完成した。

日本からもっとも近い基隆港は、日本軍の上陸地点となり、台湾航路の玄関口となった。米や砂糖・茶といった特産品の積出港としてのみならず、基隆の東には、かつて金鉱として栄えた九份《きゅうふん》や金瓜石《きんかせき》、炭鉱の瑞芳《ずいほう》などがあり、農産物や石炭など鉱物を輸出する貿易港・海軍基地としてにぎわった。現在の貨物取扱量は高雄に次ぐ第二位である。

山に囲まれた地形ゆえ、基隆の市街地は猫の額の狭さだが、「尊濟宮《そんさいぐう》」前には台湾でも有数の屋台街「廟口小吃《びょうこうしょうきつ》」があり、地元民や観光客の胃袋を満たす。鉄道で東へ向かえば、ローカル線の「平渓線《へいけい》」が走り、台北からの日帰り旅行先として九份や淡水と並ぶ人気を誇る。晴天の多い南部の高雄と異なり、基隆は季節風の関係で年間通じて雨天が多い。「雨の港」と呼ばれるゆえんだが、海・山・街と三拍子そろった、表情豊かな港町である。

基隆を落とした日本軍は、首府台北に無血入城したが、南進には苦戦した。台湾民主国軍や島民の義勇軍による抵抗に遭い、台南を占領したのは十月で、上陸から五か月を要した。古都への無血入城において交渉役を果たした、宣教師トマス・バークレーは、南部におけるキリスト教布教の中心人物の一人である。聖書をローマ字表記の厦門方言（台湾語）へと翻訳した人でもあり、晩年に前嶋信次《まえじましんじ》と交流を持った。

日本の統治に抵抗する台湾人は、各地でゲリラ戦を展開した。日本軍や総督府はこれを「土匪《どひ》」と呼び、降伏を促しつつ、反抗する者には弾圧を加えた。

後藤新平の植民地経営と抗日運動

日本統治の始まった一八九五年、台湾総督府が設置され、初代総督に樺山資紀《かばやますけのり》が着任したが、二代総督の桂太郎《かつらたろう》、三代の乃木希典《のぎまれすけ》までの在任期間は短い。本格的な台湾統治の開始は、一八九八年、陸軍軍人の児玉源太郎《こだまげんたろう》が四代総督に着任してからである。留守がちな児玉に代わり、統治を進めたのは、児玉の右腕で、民政局長（のち民政長官）に任じられた、後藤新平《ごとうしんぺい》（一八五七－一九二九年）である。

もとは医者で、衛生局の役人となり、日清戦争後の検疫業務で手腕を発揮した後藤は、児玉の起用に応えて、台湾統治に大きな足跡を残した。まず各地の「土匪」に対し降伏を呼びかけ、従わぬ者は容赦なく討伐した。警察官を全島の隅々にまで配置して、治安を安定させた。また統治を進める前提として、台湾人の伝統的習慣を把握する必要があると考え、大規模な「旧慣」調査を行い、大部の報告書を作らせた。土地の調査を行い、道路・鉄道・橋梁《きょうりょう》・港湾などの交通網を整備し、医療・衛生制度を充実させた。台湾の主要産業となる製糖業の近代化も、後藤の時代に始められた。一九〇六年までの十年近い後藤の経営は、植民地台湾の基礎を作った。

日本による植民地統治で、しばしば台湾の近代化に対する貢献として指摘されるのは、後藤時代以降のインフラ整備である。農業振興のための水利灌漑《かんがい》施設や、教育制度の充実、病院の設置など医療や衛生環境の向上が、しばしば好例として挙げられる。一九三〇年竣工《しゅんこう》の「嘉南大圳《かなんだいしゅう》」を代表とする大規模水利施設のおかげで、米やサトウキビなどの農業生産量は飛躍的に向上した。「書房」に代わって、小学校・公学校設立に始まり、一九二二年創立の「台北高等学校」や二八年創立の「台北帝国大学」を頂点とする、近代的な教育制度が構築された。制限をともなってはいたが、教育機会が台湾の庶民にまで開かれた。いずれも、海外に持った植民地を経営することで、帝国日本の威容を誇り、また宗主国日本に資する生産基地とするための整備だが、結果として台湾に「近代」をもたらした。

児玉源太郎の次に台湾総督となった、陸軍軍人佐久間左馬太《さくまさまた》（一八四四－一九一五年）は、抗日運動に対する弾圧をいっそう進めた。特に「理蕃《りばん》事業」と称して、軍隊や警察を動員して反抗的な先住民族を鎮圧し、鉄条網や地雷などを敷設して居住地を包囲した。

とはいえ、日本による支配が十年以上経過しても、抗日事件は絶えなかった。一九〇七年、新竹県北埔《ほくほ》で、客家《ハッカ》人の蔡清琳《さいせいりん》（一八八〇－一九〇七年）が先住民族のサイシャット族を扇動して日本人警官を襲撃殺害した、「北埔事件」が起きる。一九一二年には南投《なんとう》県竹山《ちくさん》で、宗教指導者の劉乾《りゅうけん》らが信徒を率いて派出所を襲撃し、日本人警官を殺害した、「林圯埔《りんいほ》事件」が起きた。一九一三年には中国の辛亥《しんがい》革命から影響を受けたインドネシア出身の羅福星《らふくせい》（一八八六－一九一四年）が、苗栗《びょうりつ》周辺で革命運動を進めたものの、露見して関係者が捕縛され死刑に処される、「苗栗事件」が起きた。

そして日本統治が始まって二十年目の、一九一五年に至っても、大規模な抗日蜂起、「西来庵事件」が起きたわけである。いずれも台湾の伝統的な宗教団体や秘密結社を母体とした、組織的とはいいがたい事件だったが、日本の統治に対する根強い反感は、台湾人の間に共有されていた。それが宗教的な情熱によって点火され、燃え上がったのである。

日本人町に育つ「湾生」

一九一三（大正二）年、のちに教師・作家となる日本人の赤ん坊が高雄に生まれた。新垣《にいがき》宏一《こういち》（一九一三―二〇〇二年）である。新垣が生まれ育った湊町は、國分の育った哨船町とは目と鼻の先で、二人は同じ小学校の出身だった。

日本統治期の台湾に生を享《う》け、故郷として育った日本人は、「湾生《わんせい》」と呼ばれる。國分より五歳下の新垣は、高雄に生まれ育ち、台北の大学に学び、のち台南で働いた。戦後の引揚げ以前に内地の生活を経験しなかった、典型的な湾生である。幼時に高雄へ連れてこられた國分も、生まれこそ内地で、京都帝国大学に学んだが、精神面では湾生に近かった。

新垣少年は近所の高雄山麓で、よくチャンバラごっこをして遊んだ。猿や鹿を追いかけるのに絶好の遊び場で、近くに東歯科医院があった。一九二〇年、旧友に誘われて台湾を旅した傷心の佐藤春夫が、高雄で滞在したのはこの病院だった。しかし幼い新垣は、のちその世界に耽溺《たんでき》することになる、佐藤の存在をまだ知らない。

日本人町に住み、主に日本人が通う小学校の生徒だった新垣は、台湾に住みながら、台湾人との交流は乏しかった（『華麗島《かれいとう》歳月』台北：前衛出版社、二〇〇二年、六頁）。

純日本的町に暮らしていた私どもの近くには台湾人が少なく、出逢うのは台湾の荷揚げ人足、町内にやって来る清掃夫、そして人力車（トウチャー）ひきなどの、いわゆる苦力（クリ）と呼ばれた下層者たちで、その子供たち（ギアナ）と遊ぶことはまずありません。旗後や塩埕に行って、そのギアナたちとカタコトの言葉で交わることがあるくらいでした。

高雄での新垣少年の生活は、内地のそれと違わないものだった。鬼ごっこやお手玉をして遊び、立川《たつかわ》文庫を濫読《らんどく》し、白虎隊の歌をうたった。高雄中学に入ってから、主に台湾人が通う公学校から進学してきた台湾人生徒と出会い、公学校が小学校に負けず、優秀な人材を育てていることを知る。

旧制高雄中学は地元の名門で、日本人生徒が多数を占めたが、台湾人も通う学校だった。公民の授業で、台湾人生徒が日本人の老教師に対し、台湾の文化運動について質問し、騒然となったことがある。とはいえ、日本人や日本文化に囲まれて育った新垣少年は、台湾人が日本の統治に対しどのような思いを抱き、どのような政治・社会運動を行っていたのかに関心が薄く、また知る由もなかった。

「大正デモクラシー」の中の台湾社会

國分直一や新垣宏一の幼少年時代、大正デモクラシーの風潮の中で、台湾統治は「武断」から「文治」へと変化しつつあった。

一九一〇年代後半、第六代総督安東貞美《あんどうさだよし》や、第七代明石元二郎《あかしもとじろう》、さらに最初の文官総督、第八代田健治郎《でんけんじろう》(一八五五－一九三〇年)の下で民政長官を務めたのは、下村宏《しもむらひろし》(号は海南《かいなん》、一八七五－一九五七年)である。一九一五年からの約五年間にわたる在任中、下村は後藤新平についで台湾経営に足跡を残した。リベラルな思想の持ち主だった下村は、小学校教員の佩剣《はいけん》や刑罰としての笞刑《ちけい》(鞭打ち《むちう》)を禁止し、台湾人を教える高等専門学校を設けた。台北高等学校の設立や、日月潭《じつげつたん》水力発電所の設置も、下村の時代に計画された。

下村が去ったのちも、「内地延長主義」を掲げる田健治郎総督の時代、一九二二年に内地の法律が原則的に台湾にも適用され、「法治」が進められた。インフラの整備と並び、日本による統治が残した遺産としてよく挙げられるのが、法治主義である。恣《し》意的な行政や警察力の行使を排し、台湾人の権利を保障することで、抗日や民族運動の関係者に対する無差別で限定のない報復や処罰は制限された。一九三〇年の霧社《むしゃ》事件のように、超法規的な意趣返しが行われたケースもあとを絶たないが、多くの場合裁判も経ずに銃殺といった事態は避けられた。

植民地支配の当初は、武力による鎮圧があり、反乱は徹底的に抑え込まれた。文官総督時代に入っても、台湾人の民族運動はつねに厳しい監視下に置かれた。ただし、総督府の方針に従う限りにおいて、台湾人の生活に対する干渉は弱かった。日本語の普及が公教育を通じて進められたが、私的な生活の場で台湾語を用いることは禁じられなかった。台湾の伝統生活を彩るのは、廟を中心とした信仰生活だが、台北円山《まるやま》に台湾神宮（現在跡地に円山大飯店が建つ）、台南には台南神社（跡地に台南市美術館二館、ただし武徳殿や事務所の建物が残る）といったように、各地に神社が設けられたからといって、廟が閉鎖されたわけではない。

日本統治期にあっても、台湾人の慣れ親しんだ伝統的生活習慣は、途切れることなく受け継がれた。例えば、神降ろしの一種である「童乩《タンキー》」は、ときに宗教団体や秘密結社の地下活動につながることから、官憲が目を光らせたが、信者は絶えなかった。また、借金のかたに貧家の少女を裕福な家庭の奉公人として差し出す、「査媒嫻《さぼうかん》」なる制度があり、人身売買に近い悪弊として攻撃の的となった。売られた少女は長じて妾《めかけ》とされたり、意に染まぬ結婚を強いられることがあり、その悲劇は佐藤春夫「女誡扇綺譚《じょかいせんきだん》」にも描き込まれた。この弊習も

「養女」に偽装することで、戦後まで長く残存した。

清朝時代から変わることのない伝統的生活が、日本統治期に入ってもつづけられる一方で、台湾社会は徐々に変化する。植民地統治は近代文明の洗礼でもあり、台湾人の中から変革を求める新たな声が沸き起こりつつあった。

言論による民族運動

一九二〇年代、台湾人の間で、過去の武力抵抗に代わり、言論による民族運動が盛り上がる。主導したのは、中部の名家出身の林献堂《りんけんどう》（一八八一―一九五六年）や、医者の蔣渭水《しょういすい》（一八九一―一九三一年）、蔡培火《さいばいか》（一八八九―一九八三年）ら東京の台湾人留学生たちである。

一九二一年、台湾議会の設立を求める林献堂らの民族運動家たちは、日本帝国議会に請願書を提出した。以降約十五年間つづく「台湾議会設置請願運動」は、日本統治期を通じ最大の政治運動だった。最初の請願の年に、林献堂を総理、蔣渭水を専務理事として、文化啓蒙や民族意識高揚を目的とする、「台湾文化協会」が設立された。全島で講演会や夏季学校などを開催したが、二三年に公布された治安警察法により、蔣渭水や蔡培火が逮捕される（「治警《ちけい》事件」）。しかし、未決監《みけつかん》での拘留を経て、二か月半後に釈放された活動家たちを迎えたのは、爆竹を鳴らし歓呼して迎える民衆だった。

台湾文化協会の指導者たちは、逮捕歴を勲章にして民族運動を展開した。台南支部の指導者の一人、医師の韓石泉《かんせきせん》（一八九七－一九六三年）は次のように回想する（『韓石泉回想録――医師のみた台湾近現代史』杉本公子・洪郁如編訳、あるむ、二〇一七年、七六頁）。

文化協会の講演会には聴衆が押し寄せ、日本政府はそれを押さえこむのも困難となっていた。弁士は絶えず「注意」、「中止」、「検束」（一時的な拘留）の命令を受けたが、圧迫が強くなればなるほど、人々の士気はますます高揚した。（中略）当時の日本政府の特務（私服の密偵）がさまざまな方法で情報を収集していた。時に公然と、時に水面下で調査し、硬軟両様の手を使った。（中略）私が往診に出掛けたり、夜に鸞《らん》〔婚約者の荘《そう》綉鸞《しゅうらん》、翌年結婚〕の家を訪れたりするときには、常にぴったりと尾行された。

のちに協会内部で左右の路線対立が起きて、左派が主導権を握ると、林献堂や蔣渭水は一九二七年、別に「台湾民衆党」を結成する。労働争議の指導などをしたが、今度は党内で反帝国主義の民族主義路線が強まると、三一年当局によって強制的に解散させられた。

台湾人の民族運動は東京でも展開された。台湾文化協会に先立ち、一九二〇年、蔡培火ら東京留学生を中心に、林献堂を会長として、「新民会」が結成された。政治改革や文化啓蒙を目的とした団体だが、活動の中で大きな影響を持ったのは、機関誌『台湾青年』の刊行である。二二年『台湾』と改称し、二五年に廃刊されたが、台湾人による民族運動の重要な発表機関となった。また二三年に創刊された『台湾民報』（当初半月刊、二五年から週刊）は、二七年から台湾での発行が始まり、三〇年『台湾新民報』へと改称し、言論活動の主要舞台となった。台湾文化協会による講演活動や、『台湾青年』『台湾新民報』のメディアによる宣伝は、民族意識を覚醒《かくせい》させる上で大きな働きを持った。

民族間の壁

一九二〇年代以降、台湾統治の「法治」化や民族運動の「言論」化があって、民族間の雪どけが進んだように見えるが、台湾人と日本人の間には、依然として壁や差別があった。

一九二四年、のちに台湾語学者となる王育徳《おういくとく》（一九二四－八五年）が台南に生まれた。兄は王育霖《いくりん》である。豊かな大家族の中で、第二夫人の子として育った二人は、幼いころから仲睦《むつ》まじく、そろって聡明だった。日本統治期の初等教育では、日本人は小学校に、台湾人は公学校に通ったが、有力者の子弟の場合、試験に合格して小学校に通うことがあった。王育霖・育徳の腹違いの兄弟にも、小学校に合格して通う者があったが、二人は不合格で、末広《すえひろ》公学校に通った。一方、王育徳と同い年で、戦後直木賞を受賞する邱 永漢《きゅうえいかん》（一九二四－二〇一二年）は、幼くして目から鼻に抜けるような秀才で、南門小学校に合格した。王育徳と邱永漢はのち長くライバル関係となる。

公学校を卒業した兄の王育霖は、地元の中学ではなく、台北高等学校の尋常科に入学した。旧制中学に相当する尋常科には、全島から俊英が集まった。中でも台湾人生徒はわずかに十名以下が入学を許される最難関だった。兄を慕う育徳も尋常科を受験したが、邱永漢が合格する一方で、育徳は不合格だった。

とはいえ、王育徳が合格して通った台南第一中学校も、地元の名門中学である。台南には一中と二中があり、日本人は主に一中へ、台湾人は二中へ入った。一九三〇年代の台南市内で日本人の割合は一割超、台南州全体ではわずかに三パーセントだった。日本人は勉強さえすれば一中に入れ、しなくとも二中には入れた。一方、台湾人にとっては二中へ入るのも至難の業だったが、一中にも台湾人枠が一割ほどあり、難関だった。一九三六年、一中に見事合格した王育徳は、小学校と台北高校尋常科に落第した憤懣《ふんまん》をはらすことができた。王育徳より一つ年下の葉石濤《ようせきとう》は、のち二中の生徒となった。

軍国主義の時代にあって、台南一中には比較的自由な空気があった。教員は日本人だったが、その多くは生徒が日本人であろうと台湾人であろうと分け隔てなく接した。王育徳は歴史科の前嶋信次《まえじましんじ》（一九〇三－八三年）と地理科の内田勣《うちだいさお》（一九〇六－四七年）に敬意を抱いた。

背が高いので「ロング」とあだ名された前嶋は、気むずかしく怖れられたが、授業では教科書そっちのけで、台湾の歴史を興味津々に語った。色白で細身のため「蠟燭《ろうそく》」と呼ばれた内田は、意外な健脚の持ち主で、気象観測の訓練など実証的な授業をした。いずれ劣らず学識高く、台湾の土地と人々に深い関心を抱き、しばしば連れだって調査旅行に出かけた。

しかし民族間の壁がなかったわけではない。一九三七年七月に盧溝橋《ろこうきょう》事件が起き、日中戦争が始まると、対立が露呈する。

三年生の夏休み、王育徳が本島人の級友らと海水浴に行くと、台南一中の日本人下級生も来ていた。上級生には敬礼するならわしだったが、挨拶をしてこない。声をかけて「なぜ敬礼せんのか」「本島人だからか」と問いつめると、最敬礼をしたので、面目を施した。

ところが新学期になって、四年生の内地人から、放課後講堂の裏へと呼び出された。腕っ節の強そうな上級生たちから、「本島人が内地人に対して偉そうな口をきくとは生意気だ」と、殴る蹴るの暴行を受けた。王らは五年生の本島人に言いつけ、説教してもらったが、すると今度は五年生の内地人から、本島人生徒が仕返しを受けた。騒動は全校へと波及した(『「昭和」を生きた台湾青年——日本に亡命した台湾独立運動者の回想』草思社、二〇一一年、一三四頁)。

私は一種の責任感とあきらめの気持ちから、その後も「制裁」を甘受した。かれらは思いついたように、ときどき私を講堂の裏などに呼び出しては殴ったり、金品をせびった。／こんな目にあって、なぜ先生に訴えなかったのか、と疑問に思う人もあるだろう。それは訴えたとわかったときの、さらなる仕返しが怖かったからである。それに先生は同じ内地人で、どうせ親身になってかばってくれやしないと思っていた。

日中戦争が始まると、一週間ごとに日記を書かされ、教師から検閲を受けた。「南京《ナンキン》が陥落したといっては皇軍の勇猛を讃《たた》え、蔣介石《しょうかいせき》が重慶《じゅうけい》に逃げたといっては、シナ兵の弱いことを嘲《あざわら》笑った。台湾人の軍夫の徴用が始まったとわかれば、これこそ台湾人の神聖な義務だ、と書かざるをえない」。王育徳はときに本心を、ときにいつわりの心情を記したが、いずれにせよ赤インクで「突っ込みが足りない」といった批評をもらってうんざりした。

「日本精神」と皇民化運動

日本統治期を経験した台湾人の多くが学校時代を懐かしみ、日本人教員は民族差別をしなかったと回想するケースが多い。しかし教育の世界にのみ理想郷が存在するはずもない。

戦後に作家として活躍する、客家人の呉濁流《ごだくりゅう》（一九〇〇－七六年）は、台湾総督府国語学校師範部を卒業し、各地の公学校で教師をした。地元新竹の公学校に在職中の一九三七年、日中戦争が始まると、教育の場にも「皇民化運動」の波が押し寄せる。自伝小説「無花果《いちじく》」では、卒業生を青年団へと組織して施した訓練に触れている。小隊長は台湾人教員で、大・中隊長には日本人教員がなり、その指揮に従い訓練がなされた(『夜明け前の台湾——植民地からの告発』社会思想社、一九七二年、九一-九四頁)。

この訓練は一週一回、午前中は軍事教練を主として、講話は日本精神、国体明徴《こくたいめいちょう》、大義名分などであり、午後は労働奉仕をさせた。訓練はまったく兵隊式で、毎日青年団員をなぐったり、どなったり、職員室はまるで刑事審問室と変わってしまった。(中略)これはやがて学校教育に影響し、その殺伐な風が純真な児童に対しても行なわれ、毎日体罰が絶えなかった。

労働奉仕として道路に並木を植えた折、主人公の教員が指揮する隊が作業を終えて帰ろうとすると、まだ作業中だった隣の隊の日本人教員が、手伝えと命令のような態度で声をかけてきた。「日本的色彩」が濃く、台湾人を見下す若い教員に対し、主人公はかねがね反感を覚えていた。とっさに、「この時こそ、日本精神を発揮すべきときだ」とやり返した。

翌日日本人校長から呼び出された主人公は、詰問に対し、反骨心を燃え上がらせる。「日本人を侮辱したと解釈されるなら、校長先生が毎日の朝会で生徒に向かい、『日本精神を発揮せよ』と言ってることはうそになりませんか」と逆襲した。校長が始終持ち出す「内台融和《ないたいゆうわ》」や「一視同仁《いっしどうじん》」といったお題目に対しても、職員室で日本人を上段にする名札の掛け方や、青年訓練で後輩の日本人を中隊長につかせる矛盾を衝《つ》き、理路整然と反論した。校長は引き下がったが、翌学期、主人公は中央山脈に近い分教場へと左遷される。

一九三〇年代、日本内地では三一年に満洲《まんしゅう》事変、三二年に第一次上海事変、満洲国建国、三三年に国際連盟脱退と、戦争の足音が近づく。共産党などの各種の主義にもとづく政治社会運動は、徹底的に弾圧された。三六年の二・二六事件を経て、三七年の日中戦争勃発により、軍国体制へと急速に変化していく。外地の台湾では内地以上に政治や文化運動が困難になり、民族運動は息の根をとめられた。

一九三七年の日中開戦後、総督府は戦時体制構築のため、台湾人に対し「皇民化運動」を推し進める。宗教活動を中心とした台湾人の伝統的な生活慣習に対し、これまで大きな干渉をしてこなかった。しかし「日本精神」を植えつけることを目的とした「皇民化運動」では、公共の場での台湾服の着用や台湾語の使用が禁じられる一方、日本風の姓名に改め、神社を参拝し、教室のみならず家庭内でも日本語で話すことが求められた。「寺廟整理」と称して、信仰団体の再編や寺廟の合併廃止が強要された。

「寺廟整理」は台湾人の伝統生活に根本的変更を迫るものだった。民族意識を強く持っていた、國分直一の友人呉新榮《ごしんえい》（一九〇七－六七年）や、前嶋信次の友人だった荘松林《そうしょうりん》（一九一〇－七四年）は、このままでは継承されてきた台湾の伝統文化は消え去るとの惧《おそ》れを抱いた。

「日本化」された台湾人の衣食住

日本統治期の台湾人の生活に、「日本」はどの程度浸透していたのだろうか。台南の北の郊外、佳里《かり》に住んでいた医者の呉新榮は、自身の衣食住について興味深い記録を残している（「私の内台生活の交流」『民俗台湾』第四巻第八号、一九四四年八月）。統治が始まって五十年近くが経過した時点で、日本語で教育を受けた本島人のインテリが、どの程度「日本化」されていたのかがわかる。

呉新榮
提供：呉南圖氏

呉新榮の自宅は、もともと台湾式の

平屋だったが、数年前「ザシキ」（座敷）に改造した（呉は記録の中で、純内地式のものをカタカナで記した）。寸法が内地式ではない台湾家屋を座敷へと変えたせいで、「タタミ」（畳）は一畳四枚に半畳二枚、計五畳となった。なぜ畳敷きに改装したかというと、学校時代から慣れており、寝床にも椅子がわりにもなって便利で、また当時は畳を敷くのが「中流階級の流儀」のように思われていたからだという。

座敷があれば「トコノマ」（床の間）が必要だが、台湾家屋にはもともと存在しない。よって片隅に「それらしい形」を設けて、たまに掛け軸や骨董品を並べた。また「オシイレ」（押し入れ）も設けたが、「フスマ」（襖）や「ショウジ」（障子）といった仕切りはない。畳を敷いた座敷に蒲団《ふとん》で寝るが、南部では春夏秋冬、「カヤ」（蚊帳）を吊っていた。蚊帳は、多くの本島人が在来の調度だと思い込むほど、生活に溶け込んでいた。

　カヤから出た私は早速ユカタ（浴衣）を引っかけてオビ（帯）で締める。普通はネマキ（寝間着）を着て寝ないが、たまに洋式寝間着（ぱじゃま）を着ていても起きたら、そのままユカタを羽織ってしまう。勿論《もちろん》寒い時だとユカタの代りにアワセ（袷）やタンゼン（丹前）を着てから部屋を出る。若《も》しも仕事場へ行かなくても済む様であったら、この様なキモノ（着物）を着て終日くつろぎたい程に吾々はキモノに親しんでいる。

ふだんは戦時服を着ることが多かったが、ときに着物姿で診察をしたこともあった。冬は羽織《はおり》で、袴《はかま》はめったに穿《は》かず、会合や行事に出席する際は洋服を着た。足元は台湾下駄《げた》で、桐《きり》製の下駄はめったに履《は》かないが、冬や訪問の折には足袋《たび》を履いた。

「食」については、お粥を朝食としたが、台湾風なのか和風なのかは記してない。子どもたちが味噌汁《みそしる》を大変好むので、毎日ではないがこしらえた。呉新榮いわく、味噌汁ほど本島人の食卓に取り入れられた和食はないという。一般に本島人は生水、生肉、生野菜を摂《と》らないが、呉は新鮮な野菜の塩もみに醬油をつけて食べるのを好んだ。

同じ食物でも例のサシミ（刺身）は何時《いつ》も話題になっているが、近来非常に食べられる様になったのは事実である。殊《こと》に吾々はたまに都会へ出ると洋食よりも和食を取って上等なサシミを味わうのを楽しみにしている。（中略）サシミで思い出すのはスシ（寿司）であるが、これも非常に普遍的で、巷間《こうかん》にスシモチと呼び売りして歩く程であった。和食の中で自分の家庭で割合に簡単に出来るのは何んと云ってもスキヤキ（鋤焼）である。スキヤキは外国でも有名であるが、本島人も非常に好きである。寒い冬の晩餐《ばんさん》にお客をもてなすのにスキヤキをするとか、大晦日《おおみそか》の「囲爐《いろ》」〔年越しの食事〕の代りにスキヤキをすることがよくある。材料は牛肉の代りに豚肉若しくは鶏肉を使用する。

呉新榮は地元の公学校と台南市内の総督府商業専門学校予科を経て、岡山の金川《かながわ》中学校、東京医学専門学校（現在の東京医科大学）に学んだ。五反田《ごたんだ》の病院に勤めた経験もあり、三二年に帰台し開業医となるまで、七年ほどを内地に暮らした。一般的な台湾人インテリに比べれば、日本の生活をより積極的に受け入れていたと思われるが、日本統治が始まって五十年近くが経過し、台湾人の日常生活に「日本」は否応《いやおう》なしに浸透していた。

日本統治期の呉新榮の生活でいっそう興味を惹くのは、日常使用する言語についてである。日本語で教育を受け、内地で学んだ期間の長い呉は、家庭でも日本語を使用した。しかし医院をかまえる佳里周辺は農村地帯である。内地人は製糖会社の職員家族などをのぞきごく少なく、患者は本島人が大半で、診察には台湾語を用いた。

朝の放送や子供達との会話で聞き慣れ話し慣れたヤマトコトバ（大和言葉）は仕事場に行くと通じないことがある。それでコトバ〔大和言葉〕の解らない来客に対して私は極《ご》く自然に相手の分《わか》る言葉〔台湾語を指す〕を使い出すのである。この両刀使いは家庭に於《お》いても同じであるが、不思議にも不便であると思ったことはない。然《しか》しコトバの解りそうな人に対しては自信ありげなコトバで応対するが、たまには内地人の婦人や子供が来ると自分ながら自分の言葉のまずさに驚くことがよくあった。

呉新榮が残した日本語の作品や日記を見る限り、誤植などはあるものの極めて正確で、格調高い日本語である。口頭で話される台湾語はともかく、筆記言語としては独学で身につけた中国語に比べて、自在だったことがうかがえる。まれに日本人患者が来院したとき、呉の感じた自身の言葉の「まずさ」とは、幼いころから自然に修得した言語か、成長する過程で学校教育により習得した言語かの違いを指すのかもしれない。

複数の言語がちゃんぽんの状態で話されるのは、植民地などの多言語社会ではしばしば見られる現象だが、呉新榮は自身が用いていた二つの言語を、「コトバ」＝日本語に対し、「言葉」＝台湾語と記して峻別している。日本語由来のコトバは、この記事ではすべてカタカナで記された。内地で左翼運動に関わり、台湾では民族運動に関係した呉のもとには、特高刑事がしばしば訪ねてきた。一九三〇年代に入ると南部の田舎町にあっても、日本語の氾濫《はんらん》を防ぐことはできなかったが、日本語にすべてを委《ゆだ》ねるつもりもなかった。

「島都」台北

王育徳が台南一中を四年で卒業し、台北高等学校に入学するのは、一九四〇年である。受験に失敗した苦い過去のある王にとって、島内最高のエリート校に合格したのは大きな誇りだった。また、台南で旧式の大家族に育ったゆえに、窮屈な伝統的生活から逃れ、近代都市台北で自由な生活を満喫できる喜びも大きかった。

日本統治期に総督府が置かれたのは、清末に台南から首府が移った先の、台北である。古都台南も徐々に都市整備が進められたが、「島都」台北は巨大な資本の投下を受け近代化を遂げた。

台湾は清朝時代、長く福建省《ふっけんしょう》下にあった。当初は台南に台湾府、周辺に台湾県（現在の台南周辺）・諸羅県《しょらけん》（嘉義以北）・鳳山県《ほうさんけん》（高雄以南）などが置かれたが、いずれも濁水渓《だくすいけい》以南である。十七世紀後半以降、開発は濁水渓を越えて北へと進み、一面の湿地帯だった台北盆地にも、十八世紀に入ると移民たちがやってくる。台南は曽文渓《そぶんけい》や運河によって外港安平と結ばれ発展したが、台北の発展をもたらしたのは淡水河の水運である。

萬華とさびれた廟の祭り

台北のもっとも古い街は萬華《ばんか》である。淡水河に面し、交易の拠点として栄え、十九世紀前半には台南・鹿港《ろっこう》と並び称された。台北を訪れる観光客の多くは、萬華の古刹《こさつ》、龍山寺《りゅうざんじ》に参詣するだろう。福建省泉州《せんしゅう》出身の商人が一七三八年に創建した寺の周辺は、台北の中で古い雰囲気を残す一角である。

日本統治末期、萬華をこよなく愛する日本人青年がいた。戦後引揚げて出版社の平凡社に勤め、東洋文庫を編集した池田敏雄《いけだとしお》（一九一六－八一年）は、幼くして台湾に渡り、師範学校を出て、萬華の龍山《りゅうざん》公学校の教員となった。台南の新垣宏一と同じく、教え子を通して台湾の民俗、中でも古い習慣の残る萬華に関心を抱き、採訪して回った。一九四一年に解剖学・民族学者の金関丈夫《かなせきたけお》（一八九七－一九八三年）と『民俗台湾』を創刊して編集したのも、失われつつある台湾人の伝統的習慣を記録に残したいがためだった。編集の過程で、同好の士、台南の國分直一や呉新榮・荘松林らとも親しく交流した。四四年八月、応召《おうしょう》直後に刊行された『台湾の家庭生活』（東都書籍株式会社台北支店）は萬華の民俗百科である。

皇民化運動の進展により萬華も大きく変化していた。一九四二年六月、淡水河近くの「四《し》使爺廟《やびょう》」（現在の「三清宮《さんせいぐう》」）で池田が見た祭りは、派手な行列が町中を練り歩いた、萬華でも有数の祭りが、嘘のように小さくなっていた。三四年以降、青年団や保甲《ほこう》（中国の伝統的な隣組《となりぐみ》組織）の役員の申し合わせで、各種の祭りや行列を一日にまとめたが、三七年の日中戦争勃発後はさらに縮小し、年一回簡単な祭りを行うのみとなった。

祭りの日、近隣の廟から神々の分身像を迎え、煎餅《せんべい》やマンゴーを供え、木蘭《もくらん》や月来香《げつらいこう》などを飾り、赤い蠟燭に火がともされた。しかし廟にかつてのにぎわいはなかった（『台湾の家庭生活』一二五頁）。

参詣者は極めて寥々《りょうりょう》たるものであった。最近特に著しい現象である。近くの妓女《ぎじょ》らしい若い女が下着の上に男のワイシャツをまとっただけで祭を見に来ていた。又こうした祭典の日にもかかわらず廟につめかけている世話役らしい老人たちも、服装などにはあまり頓着《とんちゃく》しない風であった。シャツのボタンを外して裸を見せている者、素足《すあし》に下《げ》駄《た》ばきの者等が椅子に腰掛けていた。

しかし古い台湾人町は日本統治期を生き延びた。戦後に祭りは復活し、龍山寺や華西街《かせいがい》夜市を中心に、濃厚に台湾風の下町として観光客を集めるようになった。萬華には小さな廟や屋台料理の名店が数多くある。埋もれた廟を発見しつつ、「甜不辣《テンプラ》」（さつまあげ）や「愛《アイ》玉《ユー》」（台湾風の寒天状ゼリー）を食べ歩いてもいいし、「青草巷《あおくさこう》」と呼ばれる西昌街《せいしょうがい》で苦《にが》い薬草ジュース「青草汁」を買い、美しく整備された老街「剝皮寮《はくひりょう》歴史街区」を歩いてもよい。二〇一〇年の映画『モンガに散る』（原題は「艋舺」、鈕承澤《ちゅうしょうたく》監督）は、一九八〇年代萬華の「黒社会」（極道、ヤクザの世界）を舞台とする。チンピラたちの匂い立つような青春が描か

台北拡大図

れた映画を見ると、廟という空間が果たした役割の大きさが感じられる。

大稲埕と「亭仔脚」

萬華と並び、台湾人の伝統生活が息づく町だったのが、萬華の北側、大稲埕《だいとうてい》である。同じく淡水河に沿って広がる大稲埕は、十九世紀には各地から物産が運ばれる最大の集散地となった。迪化街《てきかがい》に代表される問屋街には、鱶鰭《ふかひれ》・燕《つばめ》の巣《す》・鮑《あわび》・貝柱《かいばしら》などの乾物や、烏魚子《からすみ》、瓜子《グワズ》（スイカやカボチャの種）、ドライフルーツ、お茶などの食品や、漢方薬の材料、布地などを売る店が連なる。旧暦の正月が近づくと、年越しの食材を求める人々でごった返す。

迪化街には、日本統治期に建てられた「大正バロック」と称される独特の建築が、現在も軒《のき》を連ねる。明治末の市区改正以降、細かく派手な装飾を施した、二、三階建ての洋風建築が櫛比《しっぴ》した。同様の洋風建築は各地の「老街《ろうがい》」で見ることができるが、富を集積した迪化街周辺に残る老建築は見ごたえがある。

大稲埕の迪化街
出典：『日治時期的台北』（何培齊主編、台北：国家図書館、2007年）

台湾の都市における建築の特徴に、台湾語で「亭《てい》仔脚《しきゃく》」、中国語で「騎楼《きろう》」と呼ばれる様式がある。通りに面した建築は隣り合って切れ目なく連続し、壁はしばしば共有されている。横並びの建築の、道路に面した軒下二メートル程度を、歩行者に提供したのが、「亭仔脚」である。アーケードの役割を果たすこの建築様式のおかげで、南国の直射日光を避け、突然のスコール襲来でも傘を差さず歩ける。地面の高さが一定しないため、建物ごとに段差の生じるのが難点だが、炎天下や驟雨《しゅうう》の最中に台湾の街を歩いて、亭仔脚のありがたさを感じない人はいないだろう。
父親が大稲埕の警察署に勤めていた関係で、台湾人居住区に育った竹中りつ子（一九二〇年―）は、亭仔脚を歩くことを好んだ（『わが青春の台湾――女の戦中戦後史』図書出版社、一九八三年、二三頁）。

亭仔脚にはいると、石室にはいったのと同じで、ひんやりとして蘇生《そせい》の思いがする。そして、ニンニク、烏龍茶（ウーロンチャ）、肉桂《にっけい》（シナモン）、漢方薬の乾草、干し龍眼《りゅうがん》（果肉）、塩漬け西瓜《すいか》の種などの臭いがミックスされた、台湾人街独特の甘ずっぱい空気が、亭仔脚にはよどんでいた。不快な臭いではなかった。むしろ、一度嗅《か》いだら、忘れないうちにまた嗅ぎたくなるような、人を引きよせるなつかしさが、亭仔脚にはあった。亭仔脚の床はコンクリートで固めてあるので、尻ぺたをくり抜いたパンツをはかされたギナ（幼児）が、そこでオシッコをたれ流しても、ヒシャク一杯の水を流せばきれいに溝へ流れていく仕組みであった。

戦後になって台北市の中心が東へと移動すると、再開発から取り残された大稲埕は、一九九〇年代には廃屋が目立ったが、二十一世紀に入ってから美しく改修され、再び人の集まる場所となった。萬華に龍山寺があるように、大稲埕の中心には十九世紀半ばに創建された「霞海城隍廟《かかいじょうこうびょう》」が鎮座し、現在も多くの参拝者を集める。

台北城内の官庁街

一八七五年、清朝は「台北府」を設け、萬華や大稲埕の東側に、城壁で囲まれた都市を建設した。中国では長安《ちょうあん》（現在の西安《せいあん》）のように、都市と呼ばれる空間は城壁に囲まれていた。台南城や高雄の鳳山城などがそうだったが、清末に至って、台北もようやく城壁都市へと昇格し、城内には役場などの政府機関が置かれた。

しかし城壁ができてまもなく、台湾は日本に割譲され、近代都市に不要な城壁は取り壊される。跡地は「三線道路」と呼ばれる大通りとなった。

台北の西の城外には、萬華や大稲埕など台湾人居住区が広がるのに対し、城内には清末同様政府機関が置かれ、官庁街を形成した。台湾総督府（現在の総統府）、総督官邸（台北賓館）、台北州庁（監察院）、総督府高等法院・台北地方法院（司法大廈）、総督府台北病院（国立台湾大学附設医院旧館）、総督府博物館（国立台湾博物館）など、総督府の名を冠した役所を中心に、日本統治を象徴する建築がずらりと並んだ。統治者からの被統治者に対する強烈なメッ

台湾総督府
出典：『日治時期的台北』（何培齊主編、台北：国家図書館、2007年）

セージである、これら威容を誇る建物は、今も現役で利用されている。

現在の台北市の中心は、淡水河からさらに遠ざかるように、東へと移った。信義《しんぎ》区にはオフィスビルやデパート、ホテルの高層建築が立ち並び、それらを見下ろすように、五百メートル超の高さを誇る台北１０１ビルがそびえる。これも国際都市台北の一つの姿である。しかしぜひ淡水河に近い区画、萬華や大稲埕、旧城内の官庁街も歩いていただきたい。台北が過去にもったいくつかの顔を見ることができるはずである。

西門町を歩く

一九四〇年、台北高校生となった王育徳は、下宿してはじめて、中流階級の日本人家庭に接した。カボチャやナス、ゴボウが山盛りで出される質素な食生活に閉口したが、まもなく慣れて、脂っこい台湾食より健康によいと思った。まじめに学校に通い、帰宅したら読書に励んだ。実家から十分な仕送りを受けていたので、日曜日は街歩きを楽しんだ。映画館は西門町《せいもんちょう》に多くあった。新聞で好きな映画がどこで上映されているか確かめる。旧台北城西門の真西に広がる西門町は、南は萬華、北は大稲埕と、台湾人町にはさまれた区域である。もとは湿地帯だったが、日本統治期に開発され、旧城内と同じく日本人町となった。「新世界館」や「大世界館」「栄座《さかえざ》」などの映画館が集中し、情報の発信地だった。現在でも台湾屈指の若者が集う繁華街である。

台北公会堂
出典：『日治時期的台北』（何培齊主編、台北：国家図書館、2007年）

下宿からバスに乗り、菊元《きくもと》デパート前で降りる。一九三二年に建てられた、台湾で最初の近代的な百貨店である。エレベーターや展望台、レストランをそなえ、多くの客を集めた。同年には台南にも、「台南銀座」と呼ばれた中正路に、ハヤシ百貨店が設けられた。菊元はもうないが、林デパートは修復を経て、現在もその美しい姿を見せている。太平洋戦争末期、台南は米軍の空襲を受け、デパート屋上には米軍機による機銃掃射の跡が残る。

西門町市場（現在の西門紅楼）
出典：『日治時期的台北』（何培齊主編、台北：国家図書館、2007年）

菊元デパートから、台北公会堂へ向かう。戦後中山堂と改称された公会堂は一九三六年に完成した。規模は東京・大阪・名古屋の公会堂に次ぎ、大小のホールのみならず、大食堂・娯楽室・宿泊施設・理髪室などの施設があった。王育徳は公会堂の食堂で五十銭のランチを食べた。王の出身地、台南にも公会堂があり、規模でははるかに劣るが、一九一一年に建てられた台南公会堂は修復されて呉園芸文センターの一部となっており、今では中に王育徳紀念館が設けられている。

映画を見た後は、西門町市場でおでんや寿司を食べてから帰宅した。市場は現在「西門紅楼《こうろう》」と呼ばれる、一九〇八年建設の赤煉瓦《れんが》の建物である。その形から「八角堂」とも呼ばれ、内地人の経営する店が多く入っており、和食を供した。

西門町の北の大稲埕にも、「第一劇場」「太平館」といった映画館があった。見たい映画がこちらにかかっているときは、菊元デパート前でバスを乗り換え、北へ向かう。大稲埕では、台湾料理を供する「山水亭《さんすいてい》」で、三十銭払って名物の「割包《ガーパオ》」（中華風豚の角煮バーガー）を食べてから映画を見た。夕食は「江山楼《こうざんろう》」か「円《まる》公園」でとった。

山水亭も江山楼も、有名な台湾料理の料亭である。「円公園」は大稲埕の東南にあるロータリー中央の公園で、台北を代表する屋台街でもあった（現在は「台北円環《えんかん》」）。都会生活を享受した王育徳だが、懐かしいのはやはり台湾人の声だった。新高堂《にいたかどう》で日本語書籍を買う楽しみもあったが、「大稲埕の騒々しくて、ごみごみした台湾人街をさまようのも楽しかった」（『「昭和」を生きた台湾青年』一七七頁）。

清朝時代後期に開発が進み、一八八五年、台湾省の成立とともに首府となった台北は、日本や国民党統治期を通じて中心都市として栄えた。現在、台北市およびこれを取り巻く新北《しんほく》市（旧台北県）を合わせると、人口は六百万人を超え、さらに南に隣接する桃園《とうえん》市、北隣りの基隆市を合わせると、九百万人を超える。全島人口二千三百万あまりのうち、三分の一以上が台北首都圏に集中し、人口は大阪府と同等の規模である。関西二府四県の人口が二千百万程度なので、九州ほどの大きさの島に、関西よりやや多い人口が住むのが台湾で、大阪府と同等の大都市がある、と考えればよい。

一方、戦後長く人口第二位の座を守った高雄市は、現在では台中市に抜かれた。また長く四位だった台南市は、桃園市に抜かれた。人口は台北市および新北市の「双北《そうほく》市」が圧倒的で、これに台中・高雄・桃園・台南がつづく。人口は南部から北部へと流れ、日本と同じく首都圏への一極集中がつづいている。

戦時下の文学・学問

一九四一年十二月、太平洋戦争が勃発《ぼっぱつ》する。台湾は南方への前進基地として、日本の総力戦に組み込まれた。皇民化運動が激しくなり、文学や学術などに対する検閲も厳しくなり、文筆活動は以前に増して統制を受けた。四一年末に台北第一高等女学校へ移った新垣宏一は、台南を舞台とする小説を書き始める。戦局が進むと、軍需生産の現場を見てルポルタージュ小説を書くよう求められたが、生来の気質に反した題材を上手く書けるはずもなかった。國分直一は台北帝国大学の金関丈夫や、池田敏雄らに協力し、台湾の漢族の民俗を研究する『民俗台湾』に数多く寄稿した。四三年には國分も台南を離れ、台北師範学校の教員となる。公学校勤務を経て総督府で嘱託をしていた池田は、四四年応召した。

彼らの文学や学問に、現在の目から見て、総督府の方針に協力的だった面があるのは否定できない。新垣は真珠湾攻撃を礼讃する詩を作った。「ああ　まつろはぬ夷《えびす》　驕慢《きょうまん》の輩《やから》　うちてしやまむ／おぞましの醜草《しこぐさ》　暴戻《ぼうれい》の国今こそうてと／襲ひゆく身は何か思はむ／飛礫《つぶて》なし雨とそそぐ敵の弾丸《たま》／われを砕かば砕け／わが身火となり　うちてしやまむ」（「ハワイ攻撃」『文芸台湾』第五巻第二号、一九四二年十一月二十日）。新垣はまた、「詩人たるもの、今こそ大勇猛心を持ち、皇威《こうい》伸張の大業《おおみわざ》を翼賛し奉るべきである」との決意を表明した(「国民詩片語」『文芸台湾』同前)。

戦勝への祈念は本心からだったろう。しかし新垣の詩や小説、随筆の中で、戦争讃美の文言はわずかにすぎない。書きつづけたいなら、ときに戦勝を言祝《ことほ》ぎ、ときに戦闘精神を鼓舞し、空疎な言辞を列《つら》ねざるをえず、さもなければ書く場所を失った。その作品に、文学的成長や台湾人に対する理解の深まりが感じられる一方、時局の匂いを嗅ぎだすことは困難である。

國分や池田の民俗研究にも、時勢に対する表立った抵抗などはない。台湾とは、台湾人とは何かを彼らは知ろうとした。民俗を研究することで、場合によっては台湾人を総力戦へ組み込む上で学問的に貢献した、ともいえた。しかしそれゆえに日本統治期の学問や芸術を否定するなら、当時植民地に住んでいた日本人はすべて帝国の先兵だった。現代の高みから戦争の時代が持った個々人への圧力を勘案しないのは、酷であり不公平だと思われる。二十代から三十代の働き盛りを、彼らは国家が最優先される時代にすごした。書ける限りにおいて、自らの住む台湾を知り、台湾人の中に分け入り、消失しかねない台湾人の生活を描き、自らの台湾に対する思いを表現しようとした。

台湾人と太平洋戦争

台湾人を襲った運命はより苛酷である。教職を辞した呉濁流は、一九四一年中国大陸へ向かい、蔣介石率いる国民党政府と袂《たもと》を分かった、汪兆銘《おうちょうめい》政権の首都・南京で新聞記者をした。太平洋戦争が始まると台湾に戻って記者をしつつ、警察に監視されながら、日本統治期の台湾知識人の境遇を題材とする小説をひそかに書き継いだ（戦後、『アジアの孤児――日本統治下の台湾』として出版、新人物往来社、一九七三年）。呉濁流のように多くの台湾人が大陸へ渡り、日本の侵略を支えた。呉新榮は佳里に逼塞《ひっそく》し、『民俗台湾』に協力して執筆した。書くことを愛した青年たちに表現の場は限られていた。

太平洋戦争が始まると、先住民族の若者たちは高砂《たかさご》義勇隊となる。銃後の女性たちにも犠牲が強いられた。漢族も一九四二年に始まる志願兵制度や四四年施行の徴兵制により軍属や兵士として戦場に送られた。王育徳は故郷台南近くの嘉義市役所に勤めてやりすごしたが、葉石濤は大日本帝国陸軍の上等兵として終戦を迎えた。

南方の戦場に送られた台湾人を待ち受けていたのは、さらに非情な運命だった。一九二一年生まれで、王や葉より三、四歳年上の柯生得《かせいとく》は、全島でも有数の媽祖《まそ》廟、「鎮瀾宮《ちんらんぐう》」のある台中の大甲街《たいこうがい》に生まれた。日本人による支配を憎んだ父は、遠くオランダ領インドネシアのジャワ島まで出稼ぎして家族を養った。太平洋戦争が始まると、父はオーストラリアの収容所に送られ、柯生得は皇民奉公会が開いた「工業戦士訓練所」で、軍属として戦地に赴くべく教育を受けた。軍隊式の訓練が修了するや、外地配属の報が届く。弟はすでに徴用を受けて大阪の造兵廠《ぞうへいしょう》で働いていた。女性ばかりの家族を残し、「磯村《いそむら》一男」と改姓して、南方へと派遣された（以下、磯村生得と呼ぶ）。

磯村生得が送られたのは、オランダ領インドネシアのアンボン島である。大航海時代に香辛料のクローブを産し、ヨーロッパの勢力を惹きつけた、香料諸島の一つである。航海は奇跡的に無事だったが、上陸の直前、敵魚雷を受けて輸送船は轟沈《ごうちん》した。一瞬で仲間百人のうち二十数名を失った。海面は血で染まり、屍《しかばね》は鮫《さめ》の餌食《えじき》となった。助かったのは母がくれた媽祖の護符のおかげだと握りしめた。

前線のニューギニアへ移り、ジャングルで働き、マラリヤに苦しみ、戦友たちが玉砕したとの知らせを聞いた。飢えと戦い、ときに現地の少女と交流しながら、アンボン島で敗戦を迎える。オーストラリア軍によって強制労働をさせられながら、将来に悩んでいると、現地の華僑《かきょう》に接する機会があった。福建省南部の閩南《びんなん》地方からは、台湾のみならず、東南アジア一帯へと移民が渡った。インドネシアにも閩南語を話す華僑が多く、交流が生まれた（磯村生得『われに帰る祖国なく——或る台湾人軍属の記録』時事通信社、一九八一年、一五〇頁）。

いつ来るか分からない引揚げ船を待っている間、いささか焦燥感を覚え出した。（中略）このまま無事台湾に帰されるものだろうか。またもし何らかの方法で中華民国の一省となった台湾へ帰されても、元日本兵が歓迎されるはずもなく、まかり間違えば対敵協力者として処罰もされようし、それよりも、今のうちに逃亡してこの国に永住した方がいい。成功するか失敗するかは分からないが、とにかく若いうちに冒険してみるのもいい。

脱走した磯村生得は、親切な華僑の世話になり、各地を転々とした。二年がすぎたころ、旧日本兵を帰還させる船があると聞き、台湾へ帰ろうと決意する。広島を経て、東京に着いた磯村生得を迎えたのは、調理師となった弟だった。早く台湾へ帰りたいと語る兄に対し、弟は、二・二八事件が収まったばかりなので、しばらく様子を見るよう助言した。磯村がようやく帰国したのは、軍属として派遣されてから十年目のことだった。

戦場に送られた二十万人以上の台湾人兵士や軍属は、戦争中はもちろん、帰国の折も、帰国後も辛酸をなめた。戦後、日本政府は長く元兵士に補償をしなかった。日本国籍がないとして、本人や遺族に対する恩給はもちろん、戦中の給与さえ支払われなかった。一九七四年、インドネシアのモロタイ島で、陸軍一等兵の中村輝夫（本名はスニヨン）が発見されたが、日本人として戦った台湾人兵士に恩給などない。

大学で中国語や台湾語を教えつつ、独立運動に従事していた王育徳は、憤りと責務を感じて、台湾人元日本兵への補償運動を開始する。旧友に呼びかけて会を作り、集会を開き会報を作り、関係省庁に陳情をくり返した。国相手の訴訟は敗訴に終わったが、報道や世論を喚起し、一九八七年、ようやく国会で戦没者遺族への弔慰金に関する法律が成立した。

王育徳は法案成立を見届けることなく、一九八五年に死去した。漢族が人口の圧倒的多数を占める台南で育ち、台湾に住む人々の多数を占める閩南人が話す、台湾語を研究した王は、独立運動の最中に刊行した台湾史の中でも、先住民族に触れることは少なかった。しかし台湾人元兵士への補償問題を通して、高砂義勇隊をはじめとする先住民族の存在に目を開かれていく。同じく台南出身の葉石濤とは異なる道をたどってではあったが、台湾という土地を掘り下げることで、王の台湾人観にも変化が生じた。台湾という土地には、この島を住まいとした人々の存在や記憶が刻まれており、その地層は少しずつではあるが掘り起こされた。

第六章　抑圧と抵抗——国民党の独裁と独立・民主化運動

大正公園の死体

一九四七年三月十二日、台南《たいなん》市中心部の大正公園に横たわる遺体を、この地に生まれた一人の青年が見つめていた。銃殺された死体を目にするのは初めてだった。頭部に弾丸を撃《う》ち込まれて殺されたのは、弁護士の湯徳章《とうとくしょう》（一九〇七－四七年）といい、見つめていたのは、台南第一中学校の教師で、のちに台湾語研究者・台湾独立運動家となる、王育徳《おういくとく》（一九二四－八五年）である。王は胸の痛みをこらえきれなかった。

大正公園は日本統治期に、近代的な都市設計の一環として設けられたロータリーの広場である。大通りの「大正町《たいしょうちょう》通り」（現在の中山路《ちゅうざんろ》）が台南駅と公園を結び、ロータリーを囲むように、台南州庁や消防署・警察署など、近代都市台南を構成する建築が配された。第三代台湾総督児玉源太郎《こだまげんたろう》の像が立ち、台湾語で「石像《チオシヨン》」と呼ばれたこの公園は、日本による

大正公園（別称児玉公園、のち民生緑園、現在は湯徳章紀念公園）
出典：『日治時期的台南』（何培齊主編、台北：国家図書館、2007年）

統治を象徴する場所だったが、市民の憩《いこ》いの場でもあった。現在はロータリーを自動車や二輪車がひっきりなしに駆け抜け、中央の広場へと踏み入るのが困難なほどだが、戦前には夕涼みや野外映画上映の会場として親しまれた。そこに、惨殺された遺体が晒《さら》されたのである。

死者の湯徳章は、二月二十八日に始まる「二・二八事件」において、台南の処理委員会の委員を務めていた。二・二八事件とは、闇タバコ売りの女性を摘発しようとした警察官と群衆がもみ合いになり、やがて大きな騒乱となった、戦後の大きな事件の一つである。

敗戦した日本は台湾から撤収し、中国大陸から来た国民党政府によって接収された台湾は、中華民国の行政区画の一つ、「台湾省」となった。人々は当初「祖国」への復帰を喜び、国民党軍を歓迎した。しかし腐敗した国民党政府の統治下、かつて日本人が務めていた役職は、国民党とともに来台した、台湾省以外の出身者である「外省人《がいしょうじん》」によって占められた。賄《わい》賂《ろ》が横行し、猛烈なインフレで社会は混乱した。

同じく移民ながら、台湾に渡った時期が古い漢族は、「本省人《ほんしょうじん》」と呼ばれる。代々台湾に居住し、日本による植民地統治を経験した。本省人にとって、国民党政府や外省人は、新たな外来の支配者だと思われた。二・二八事件では、外省人に対する本省人の不満が爆発し、抗議活動が展開された。武力闘争をともなった反政府運動もあり、戦列にはかつて高砂《たかさご》義勇隊として戦った先住民族も加わった。

台湾省行政長官の陳儀《ちんぎ》（一八八三－一九五〇年）は、若いころ日本に留学経験があり、作家の魯迅《ろじん》や郁達夫《いくたっぷ》と親交を持った人物だった。妥協するかに見せかけて時間を稼ぎ、援軍を要請した。一方各地では、本省人の自主的な組織として、二・二八事件の処理委員会が設けられた。台南市で委員を引き受けた湯徳章は、日本人の父と台湾人の母の間に生まれた。元警察官で、日本留学経験があり、高等文官試験に合格した秀才である。台南の人々のため身を賭《と》して事件を収拾する覚悟だった。

国民党を率いる蔣介石《しょうかいせき》（一八八七－一九七五年）は、中国大陸で共産党との内戦の最中にあった。日本軍が降伏するや、今度は共産党との激しい戦争となったが、援軍要請を受けて、基隆《きりゅう》と高雄《たかお》の両港に二個師団を上陸させる。国民党政府軍は本省人の抗議活動を武力で鎮圧し、各地の処理委員をはじめとする指導者たちを政府に敵対するものとみなし、容赦なく投獄・殺害した。多くは国民党政府の悪政に対し改善を求めたのであり、政権転覆《てんぷく》の意図などなかった。しかし事件関与の嫌疑を受けた多くの台湾の知識人が、冤罪《えんざい》で非業の死を遂げた。二万人以上の死者が出たとされる。

尋問を受けた湯徳章は、トラックに載せられて市内を引きまわされた後、大正公園で銃殺された。背広を着た遺体は後ろ手にしばられて倒れ、蠅《はえ》がうるさく顔にたかった。血だまりの中にある死体は、見せしめとして三日間放置された。台南の人々は遠巻きに見つめるばかりだった。「私はもう大正公園を通らない」と悲しみ憤る声を王育徳は耳にした。

基隆に上陸した国民党政府軍

一九四五年、日本はポツダム宣言を受諾し、連合国軍に降伏した。台湾は日本の領土ではなくなった。

中国大陸では国民党と共産党の軍隊が合作して日本軍相手に戦ったが、重慶《じゅうけい》に臨時首都を置く中華民国政府は、蔣介石率いる国民党の政府だった。まもなく国共の間で内戦が始まる中、国民党政府は戦勝国を代表して台湾の接収を行う。蔣介石は陳儀を台湾省行政長官兼台湾警備総司令官に任命した。

国民党軍の第一陣が着いたのは十月のことで、米国の軍艦に乗って基隆港に上陸し、台北《タイペイ》へと行進した。植民地支配が終わり、「祖国復帰」を喜んだ台湾人は、祖国から来た兵隊を歓迎しようと、中華民国の国旗、「青天白日旗《せいてんはくじつき》」を掲げて迎えた。

台湾の祖国復帰は「光復《こうふく》」と呼ばれてきた。やがて国共内戦が共産党の勝利に終わり、一九四九年「中華人民共和国」が成立したが、これを中国では「解放」と称する。現在でも二つの用語は、例えば「光復後」「解放後」といった風に用いられる。しかし「光復前」から台湾に住んでいた人々にとって、その後の事態は文字通りの「光復」ではなかった。

基隆港に上陸した国民党軍は、かつて台湾に駐屯していた日本軍と比べれば、装備はひどく、規律に欠け、士気上がらず、戦勝国の軍隊とは見えなかった。意気込んで歓迎した台湾の人々は落胆した。台北で行軍を目にした楊基銓《ようきせん》は、次のように回想した（『台湾に生を享けて』日本評論社、一九九九年、一六九頁）。

整列して国民政府の軍隊を歓迎した台湾島民は、初めて国民政府軍の本当の姿を見た。民衆は台湾に到着した第二次大戦の戦勝部隊が意外にもボロボロの軍服を着、草鞋《わらじ》やズックの靴を履き、鍋、皿、碗等の炊事用具や雨傘を背負ったり天秤棒で肩に担いだりして歩いている異様な光景を眼前にして、心に描いていたイメージとのあまりの落差に唖《あ》然《ぜん》としたのである。

私は中学生時代、霧社《むしゃ》事件で出動する日本軍部隊を見たことがあるが、彼らの整然とした軍容、厳格な規律、きびきびした動作、それに溌剌《はつらつ》とした風貌に接して非常な心強さを感じた。それに比べると、正直に言って私は国民政府軍の貧弱な様子には大いに失望した。

日本軍と長く戦い、共産党と対峙《たいじ》していた国民党政府が、戦闘のない台湾へ精鋭部隊を送るはずもなく、またゲリラ戦を中心とした戦線での疲弊を考慮する必要があるだろう。戦勝国である祖国の軍隊に対し、本省人が過大な期待を抱いていたこともある。しかし規律もなく歩く兵隊たちの様子は印象的な光景だった。のち多くの本省人が、初めて見た軍の姿を、国民党による乱脈な政治に重ねた。

日本語の禁止と本省人・外省人の対立

台湾を回収した翌一九四六年には、「台湾省国語普及委員会」が開設され、日本語に代わり、中国語の標準語である「国語」の普及が進められた。戦前の台湾では、家庭など私的な場所では、一般的に「台湾語」と呼ばれる閩南《びんなん》語や、客家《ハッカ》語、各先住民族の話す言語などが用いられた。一方学校など公共の場では、共通語として日本語が機能していた。台湾の知識人は日本語を通して近代的知識を吸収した。新聞や雑誌は戦後すぐから中国語で発行されたものの、日本語欄も一部に残された。

しかし一九四六年九月に中等教育機関で日本語使用が禁止され、十月には新聞雑誌での使用が禁止された。「国語」の普及が急速に進められ、中国語学習熱が盛り上がる一方、日本語は活用の場を狭められた。東京帝国大学で中国語を学んだ王育徳は、台南では数少ない中国語を話せる台湾の知識人だった。小学校教師をしていた葉石濤は、王の弟と親しかった関係で、新しい国語を習いに王家へ通った。

台湾総督府などの政府機関や警察、官有企業や日本人経営の民間企業は、国民党政府の出先機関によって接収された。市長や県長といった役職も外省人、もしくは戦前に中国大陸へ渡った経験のある本省人によって占められた。植民地時代を台湾ですごした本省人が任用されたのは、鎮や郷といった下級の行政単位の長だった。政界や官界・経済界では、日本人が去った後を外省人が占め、本省人は締め出されたままだった。

本省人は蔭で、中国大陸出身者を台湾語で「阿山《アスア》」、戦前に大陸居住経験のある本省人を「半山《ポアスア》」と侮蔑的な表現で呼び、反感を漏らした。そもそも「外省人」なる呼称も、本省人側からの呼び方である。それを外省人が感じとらないはずもなく、本省人を植民地支配下で「奴隷教育」を受けた半人前としてあつかった。対立の火種はくすぶりつづけた。

外省人の台湾移住

一九四七年十月、はじめてプロペラ機で台湾海峡を越えたとき、心の中でとても興奮していた。それは地理の本に出てくる地名で、まるで地図の上を飛行しているような感覚がしたからだ。二時間であっという間に着いた。

台北という名前にはなじみが薄く、飛行場はかなり狭かった。(中略) みんな台湾は小さな島だと言っているのだから、すぐにでもよく知っている「雞蛋糕《チータンカオ》」(呉振芝《ごしんし》先生の地理の授業で習った基隆《チーロン》、淡水《タンシュイ》、高雄《カオシオン》) が見えるはずだし、少なくともまずは本物のバナナとパイナップルが見えるはずであった。

はじめて台北を見たときはちょっと意外な気がした。ヤシの木のそよぐ浜辺もなければ、色鮮やかな建物もなく、全体的にほこりっぽい小さな町だった。二階建てのコンクリートの家屋が少し日本式の木造家屋の家並みの間に挟まっていて、ほとんど緑がなく、広場もなかった。

これは遼寧《りょうねい》省出身で、のちに台湾大学外国文学科教授となる齊邦媛《せいほうえん》(一九二四年—) が、台湾に初めて着いたときの回想である (『巨流河』下、池上貞子・神谷まり子訳、作品社、二〇一一年、一〇頁）。東北軍閥の軍人で、日本留学経験のある父のもとに生まれた齊邦媛は、天津《てん しん》の南開《なんかい》中学で学んでいたが、高等教育を受ける年齢になったころ、日本の侵略が本格化する。日中戦争開戦後は、学校の疎開にともない武漢《ぶかん》を経て重慶へと移動した。日本軍による激しい爆撃にさらされながら学問に励み、一九四七年大学を卒業した。台湾大学から招聘《しょうへい》を受けて台北へ降り立ったが、上海《シャンハイ》や南京《ナンキン》など中国の大都市で暮らした経験のある齊邦媛の目には、台湾の首府が小さく見えた。

一九四五年以降、多くの中国人が台湾へと移り住んだ。ことに四九年、国共内戦に敗れてからは、国民党政府とともに関係者が数多く台湾海峡を渡った。当時全島の人口が約六百万人だったところに、その数およそ二百万人が流入したとされる。

新しい移住者たちには公務員や軍人・教員とその家族が多かった。日本人が引揚げた後に残された居住区や空き地に、「眷村《けんそん》」と呼ばれる外省人の集住するコミュニティが作られた。八百を超える眷村は、台北や桃園《とうえん》・新竹《しんちく》・台中《たいちゅう》・台南・高雄などの大都市や軍事拠点に設けられたが、日本人住居を再利用した以外はバラックの建ち並ぶケースが多かった。

齊邦媛が到着当初に住んだ台北市内の青田街《せいでんがい》も、元は日本人居住区である。初めて見る日本式の家屋で、低い塀と木戸に囲まれた家には、ノックもせず入ることができた。小さな築《つき》山《やま》と池がある庭園はおもちゃのように思われた。靴を脱ぎ、上履きをはいて部屋に入ったが、畳の上を歩くことに慣れなかった。焼き魚や味噌汁は意外にも口に合った。

国民党の高級官僚や共産党支配から逃れてきた資本家をのぞけば、多くの外省人は着の身着のまま、家族とも離れ離れになって、ようよう台湾へと逃げ込んだ。出身地は中国全土に散らばり、モンゴル族や回族などの少数民族出身者もいた。甘い汁を吸えるのはごく一部で、貧しい生活を強いられ、故郷に帰れない苦しみを味わった。「老兵《ラオビン》」と呼ばれる、半ば強制的に連れてこられた兵隊は、大陸に残してきた妻子を思って望郷の念をつのらせた。

汚職などの腐敗の末、内戦に敗れた国民党政府が、移動を機に刷新され、一九五〇年代、台湾の開発に乗り出すと、中国で高等教育を受けたエリートたちも活躍の場を見出す。「大陸反攻」が叫ばれた時代、眷村は祖国帰還までの仮住まいだったが、世代が下ると永住の地となった。現在では多くが高層の公営住宅へと姿を変えた。居住区は日本統治期の日台のすみわけのように分かれておらず、「本省人」「外省人」という区分は徐々に過去のものとなりつつある。

王育徳の戦後と二・二八事件

故郷近くの嘉義《かぎ》市役所で働きながら日本の敗戦を迎えた王育徳は、すぐさま職を辞して台南へ戻った。国民党軍がまもなく進駐してくる。大正町通りを歩いてくる兵隊たちを、王も出迎えた。軍服はよれよれで、色や形もまちまち、草鞋履きや裸足の兵隊もおり、荷物は袋に入れ、中から衣類や金盥《かなだらい》などがのぞいていた。まるで避難民だった。それでも市民は旗を振り、爆竹を鳴らし、習いたての中国語で話しかけて歓迎した。

しかし数日経つと、中国兵の風紀の乱れ、無作法、横暴が目につくようになる。強奪や強姦の噂まで立ち、街の空気はすさんだ。また国民党政府は乱脈な政治を行い、外省人の役人は台湾の米や砂糖などの生活必需品を島外へと横流しした。人心は乱れ、食料が不足し、中国大陸の破滅的なインフレが波及して台湾でも猛烈なインフレが起きた。

東京帝大を中退した王育徳は、戦前は台湾人が主に通った台南二中を改称した台南一中（日本の高校に相当）で、歴史や地理・公民を教えた。一方、王が通った台南一中は逆に二中へと改称された。王はまた、頼まれて若者たちの演劇活動に関わった。もともと芝居好きだったので、台詞に台湾語を用いるなど工夫し、政府批判を含んだ脚本を書いた。そのため官憲から目をつけられた。

一九四七年二月二十八日、台北で二・二八事件が勃発した。本省人の市民はデモ行進をして専売局《せんばいきょく》へ押しかけ、陳儀のいる行政長官公署《こうしょ》に向かった。警備兵は押し寄せる市民に向かい、機関銃で一斉掃射した。大騒動へと発展し、本省人は外省人と見れば殴りかかり、店舗を焼き打ちにした。台北市放送局を占拠し、ラジオを通して各地へと立ち上がるよう呼びかけた。一方戒厳令《かいげんれい》を布《し》いた陳儀は、警察や軍隊を使って市民に攻撃を加えた。

騒動は翌三月一日に中部の新竹・台中・彰化《しょうか》へ、二日には南部の嘉義・台南・高雄などへと波及した。台南でも三日に市民による集会が開かれ、大正公園の周辺に集まって、台湾語や日本語で、外省人と本省人の平等や、外省人の汚職や横暴な政治の打倒が叫ばれた。事態収拾のため、各地の参議会議員や地元の有力者が事件の処理委員会を設けた。

王育霖（右）・育徳（左）兄弟
提供：王明理氏

しかし三月八日以降、国民党軍が台湾の北と南に上陸し、二・二八事件に関わった台湾人を無差別に殺しはじめた。処理委員会などの団体には解散が命じられ、関係者の一斉逮捕が始まった。台南でも十一日から国民党軍による市民への攻撃が始まった。市の処理委員会で治安組組長だった湯徳章は、「暴動」の責任の一切を引き受け、大正公園で処刑された。各地の処理委員は地元の有力者で、国民党軍の恰好の標的となった。

やがて王育徳の家にも憲兵隊が踏み込んでくる。台南の王家は無事に済んだが、台北にいた兄育霖《いくりん》（一九一九－四七年）が逮捕された。二月二十八日、弟宛てに台北の情勢を伝える手紙を書いた兄は、三月半ばに連行され、行方不明となった。王育霖は戦後、北部の新竹で検察官をしていた。外省人の新竹市長が米国から無償で提供された粉ミルクを横流しした汚職を、正義漢の王は摘発しようとした。市長は買収を試み、王は強制捜査を行うなど、深刻な対立が起きた。事件を機に離職した王育霖は、台北に出て中学の教員をしたり法律の書籍を出すなどしていた。なぜ逮捕されたのかは不明だが、本省人エリートとしての活躍が目をつけられた原因だと思われた。

外省人に対する憎悪と敵愾心《てきがいしん》に、王育徳の胸は震えた。「いつか絶対に、中華民国のくびきから離れて、台湾人自身の独立国をつくるのだという思いは、堅い誓いとなって私の胸の奥にしまわれた」（『「昭和」を生きた台湾青年——日本に亡命した台湾独立運動者の回想』草思社、二〇一一年、二八三頁）。

国民党政府は二・二八事件の後も、反政府的な思想の持ち主を弾圧した。本省人の間に、共産主義などの思想に触れ、台湾や中国の共産党と連絡をとる活動家がいたのは事実である。直接の関係を持たなかった王育徳だが、演劇活動の仲間が逮捕された消息が伝わる。危険が迫っていると察した王は台湾を去る決意をし、香港《ホンコン》を経て日本へ亡命した。

呉新榮の逃亡生活

一九四七年六月、中年の医者が、台北の憲兵隊による一か月余りの拘留から釈放されて、故郷の台南北郊の佳里へ帰ってきた。戦前は地元の青年たちと文化団体を作って活動していた呉新榮《ごしんえい》(一九〇七―六七年)は、戦後には地元のリーダーとして政治にも関わった。そして二・二八事件への関与を疑われ、長期間の尋問を受けたのである。

佳里で日本の敗戦を迎えた呉新榮は、祖国復帰を心から喜んだ一人である。一九二〇年代に内地へ留学した呉は、当時流行の左翼思想や、二〇年代に最盛期を迎えた台湾の民族運動から影響を受けた。帰国後の三〇年代に地元「塩分《えんぶん》地帯」で展開した文化活動は、プロレタリア文学と民族運動が合わさったもので、特高警察の監視対象となった。三七年日中戦争が始まると逼塞《ひっそく》を余儀なくされ、わずかに地元台南の民俗研究にはけ口を見出す。シラヤ族の壺神探求において國分直一《こくぶなおいち》と交友を持ったのは、この時期である。

台湾が「光復」し、台湾人の活躍する時代が来る、と呉新榮は考えた。国民党政府の機関が到着する前に政治活動が始まった南部では、開業医の呉も有力者として組織作りなどに奔走した。一九四五年十月十日、光復後最初の「双十節《そうじゅうせつ》」(中華民国の建国記念日)には、呉が呼びかけて佳里で記念の祝典が開かれた。二千人余りの参加者に向かって、「大中華民国万歳」と唱えた。聴衆の中には感激して涙を流す者もあった。しかし十一月以降、国民党政府の接収機関が南部にも到着する。政権が交替する間の政治の空白期は終わりを告げた。

祖国に対する期待が失望へと変わるのに、さほど時間を要しなかった。治安は乱れ、汚職が横行し、激しいインフレが起きた。国民党の地方官に陳情したが、効果はなかった。政府のやり方に好感は持てなかったが、それでも地元の役に立ちたいと、一九四六年三月には台南県参議員に立候補して当選し、つづいて台湾省参議員や佳里鎮長の選挙にも出馬したが、これは落選した。

一九四七年、二・二八事件が起きる。呉新榮は三月九日、台南県の事件処理委員会の一員となり、十日には北門《ほくもん》区の処理委員会主席委員となった。国民党軍の反撃が始まると、十三日に拘束されたものの、このときはすぐ釈放された。

台南市内で湯徳章が逮捕され、大正公園に遺体が晒されたと知った呉新榮は、身の危険を感じる。三月十四日から四月二十五日までの一か月半近く、逃亡生活を送った。死後刊行された中国語の回想『震瀛回憶録《しんえいかいおくろく》』（台南：琑琅山房《しょうろうさんぼう》、一九七七年。のち『呉新榮選集』第三巻、黄勁連《こうけいれん》総編輯《へんしゅう》、台南：台南県文化局、一九九七年に収録）によれば、友人や親類の家を転々とし、魚の養殖場の小屋に蟄居《ちっきょ》した。王爺《おうや》を祀《まつ》る北門の巨大な廟、「南鯤鯓代天府《なんこんしんだいてんふ》」に身を隠したこともある。捜査の手から幸いに逃れたものの、呉の父が逮捕された。関係者と相談し、国家に対し何も悪事は働いてないと、台南市警察局への自首を決断した。

台南の憲兵隊による尋問を受け、共産党との関係を問われた。五月には台北へと移送され、台湾省警備総司令部第二処へ送り込まれた。第二処が置かれたのは日本統治期の東本願寺で、国民党統治期の一九五〇年代、数多くの政治犯がここで取り調べを受けた（二二二頁、引用者訳）。

身に帯びていたすべてを渡し、一六八号という番号をもらい受け、今後番号以外に自らの名前を決して口にしてはならないと言われた。この命令を受けてから、目隠しをされ身体を縛られ、鉄の門のような場所を通り、暗い部屋へと押し込められた。そこに座り、決して動いてはならず、声を出してもいけないと言われた。地獄へ落ちる第一歩のような気がし、最後の日がまもなく来ると思われた。強いて震《ふる》えを抑え、気を確かに持って、次の瞬間の動きに注意を凝らした。しばらくするとそばに人がいるのを感じた。それでここが処刑室ではないと知った。

取り調べを受けながら、呉新榮は戦前東京で、左翼運動に関わり淀橋《よどばし》警察署に拘留された経験を思い出した。そのときは拘留で済んだが、今回は少なくとも三年間の徒刑を覚悟した。二・二八事件の最中、呉が外省人の生命や財産を保護したとの証明が届くなどして、一か月余りの拘留を経て、六月に釈放された。老いた父は九月まで拘留された。

要塞、金門島

二・二八事件以降、台湾省警備総司令部が再び戒厳令を布くのは、一九四九年五月である。八七年の解除まで、戒厳令は四十年近くにわたり布かれつづけた。

国民党と共産党の内戦は一九四五年に始まるが、四九年には国民党の敗色が濃くなり、党関係者や家族は台湾へと移動を始めていた。十月一日に中華人民共和国が建国され、毛沢東《もうたくとう》率いる共産党は攻勢を強めたが、金門島《きんもんとう》の戦いで辛くも勝利した国民党政府は、十二月、台北へと移動する。

金門島は福建《ふっけん》省厦門《アモイ》のすぐ沖に位置する、鼓の形をした小島である。台湾本島とは二百キロほど離れているが、台湾への移民の多くは福建南部出身者であり、言語・文化的に共通点が多い。しかし日本統治期以降異なる歴史を歩んだため、プロペラ機でわずか一時間の距離にありながら、印象を大きく異にする。随所に日本統治の痕跡が残り、また戦後の経済成長で再開発が進んだ台湾と違って、金門の町や集落は古い閩南《びんなん》式の姿をとどめる。安平《アンピン》で屋根の上に置かれた小さな風獅爺《ふうしや》は、ここでは地上にたたずむ巨大な石像である。

一九四九年十月の人民解放軍による金門島総攻撃を撃退した国民党軍は、「大陸反攻」の足がかりとして死守を決め、島を要塞化した。厦門中心部が目と鼻の先の金門島は、中国と対峙する最前線で、人口数万の島に軍政が布かれた。

一九五〇年六月に勃発した朝鮮戦争は、国民党政府にとって「天佑《てんゆう》」だった。共産党による中国全土の統一を恐れた米国のトルーマン大統領は、台湾海峡の中立化を宣言し、艦隊を派遣した。結果、人民解放軍の侵攻が食い止められる一方で、国民党軍の大陸に対する反攻も封じられた。内戦には敗れたが、台湾に逃げ込むことで中華民国は生き延びた。

金門島に対しては、一九五四、五五年、また五八年にも、解放軍が激しい一斉砲撃を浴びせたが、米国の防衛支援を受けて、中華民国による実効支配がつづいた。島の人口に匹敵する数万規模の軍隊が駐留した。台湾には二〇一八年まで兵役があり、金門へも多くの青年が送られた。本島から遠く離れ、帰省もままならない配属は、年頃の男性にとって苦痛だった。侯孝賢《こうこうけん》監督の青春映画『恋恋風塵』(一九八七年)では、島に駐留する主人公が、台北に残してきた幼馴染《おさななじみ》の恋人の起こす「兵変《ビンビエン》」(クーデター、浮気を指す)に遭い、振られてしまう。

一九九〇年代に入ると、台湾の民主化や両岸の緊張関係の緩和にともない、金門島の軍政は解除され、台湾本島と自由に往来できるようになった。また中国と台湾の間の人や物の交流の場となり、軍事拠点から貿易や観光、ときに密輸の舞台へと変わった。

白色テロの時代と葉石濤

国民党政府は台湾の共産党員やその関係者を徹底的に弾圧した。戒厳令下の台湾では、政治運動でなくとも集会やデモなどの活動は禁止され、令状なしで逮捕が行われ、言論の自由は抑圧された。官憲による思想弾圧を「白色テロ《はくしょく》」と呼ぶ。

終戦直後の台湾には、戦前に日本や中国でマルクス主義の洗礼を受けた、共産主義者やシンパがいた。読書会といった形式で、思想的に共鳴する仲間を作ることが秘密裏に行われた。台湾人の左傾を恐れた国民党政府は密告などをもとに、左翼思想に共感を抱く知識人を数多く逮捕し、処刑したり思想改造を施した。多くは関与の薄い、あるいは誣告《ぶこく》にもとづく証拠のない冤罪だった。戒厳令下の台湾では、二・二八事件の虐殺を免れた人々が、白色テロにおびえる日々を送った。

王育徳と同じく台南に生まれた葉石濤は、主に台湾人が学んだ台南二中で学び、考古学と文学に明け暮れた。王より一歳年下の葉は、台北高等学校を受験するも失敗し、雑誌『文芸台湾』を主宰していた作家の西川満《にしかわみつる》（一九〇八－九九年）に誘われ、台北で編集の助手を務めた。一年後台南に戻り、宝《たから》公学校（現在の立人《りつじん》国民小学校）の教師となり、四五年に徴兵され、帝国陸軍上等兵として敗戦を迎えた。

戦後小学校教師に戻った葉石濤は、一中の教師だった王育徳も寄稿していた地元紙『中華日報』の日本語欄に小説を書くとともに、中国語を学び始めた。王同様、台南で二・二八事件に遭遇し、運動には加わらなかったが、大正公園で青年たちが毎日のように活動するのを見守った。大正公園で湯徳章が殺される光景も目にした。
日本語で小説を発表できなくなると、友人に翻訳してもらうなどして作品を発表していたが、一九五〇年ごろから、交流のある人々が突然逮捕されるのを見聞きするようになった。二・二八事件以降、台湾の知識人の中に、現状を打破するには中国の共産党とともに戦い民衆を解放する以外にない、と考える人々がいたのは事実である。葉自身、日本統治期にマルクス主義と出合っていたが、自らは政治と関わる気になれずにいた。しかし共産党員でもない人々の逮捕が頻発すると、恐怖に囚《とら》われるようになる（『一個台湾老朽作家的五〇年代』台北：前衛出版社、一九九一年、六四頁、引用者訳）。

このような恐怖感がすべての日常生活を支配し、食べても味がわからず、おちおち寝てもいられない状況に至った。ときにふっと次のように考えることもあった。話の合うすべての心通じる友人たちが獄に入れられるなら、私一人が孤独に、この恐ろしい暗黒の社会で暮らしているよりも、いっそのこと獄に入るほうがましではないか。そうすれば私も孤独で苦しむことはなくなるし、新しい仲間ができ、しかも逮捕されることを恐れる必要はなくなり、懺悔《ざんげ》の日々を送ることができる。ただ私には、自分が捕らえられる条件を持っているのかどうかがわからなかった。私はいかなる形式の集会にも参加したことがなかったからだ。

一九五一年九月、葉石濤は逮捕される。二年後に出た判決は、知人が「共匪《きょうひ》」（共産党の一味）だと知りながら通報を怠った、という罪で、五年間の受刑だった。のち三年に減刑されたが、再逮捕を恐れた葉は、政治とは一切関わらず、田舎でひっそりと教師生活を送った。

監獄島、緑島

葉石濤が戦後居をかまえた、高雄の古い町、左営《さえい》に生まれた柯旗化《かきか》（一九二九－二〇〇二年）は、戦後台湾師範学院（現在の台湾師範大学）を卒業して、故郷に近い高雄の旗山《きざん》中学で英語の教員をしていた。柯が思想犯として突然逮捕されたのも、葉と同じ一九五一年のことで、翌年強制収容所のある緑島《りょくとう》へと送られた。初めて洋上から眺めた島の印象を次のように記した（『台湾監獄島——繁栄の裏に隠された素顔』イースト・プレス、一九九二年、一五二頁）。

船はバシー海峡を通って、翌朝、台東から十八キロ〔海里、三十三キロ〕離れた沖合にある太平洋上の離れ島緑島に近づいた。遠くから眺めると島は山の緑におおわれて、民家があまり見えなかった。こりゃえらい辺僻《へんぺき》な島らしいな、というのが皆の第一印象であった。昔から朝日に映えると燃えているように見えるその姿から火焼島《かしょうとう》と呼ばれ、日本時代にはごろつきを隔離監禁していたこの島は、戦後緑島と改称され、政治犯収容所が設けられていた。

緑島は、同じく東部の沖合にある蘭嶼《らんしょ》の、北七十キロほどに位置する。台湾の離島で面積が最大なのは金門諸島の金門島で、これに次ぐのが澎湖《ほうこ》諸島の澎湖島である。澎湖島は北の白沙《はくさ》島、東の漁翁《ぎょおう》島と橋でつながれているので、合わせた面積は伊豆大島よりやや広い。人口十万ほどの金門や澎湖には、それぞれ金城《きんじょう》、馬公《ばこう》という小都会がある。

大きさで金門、澎湖につづくのが蘭嶼、緑島だが、緑島になると新宿区ほどの広さしかなく、人口も三千人ほどにすぎない。太平洋上に浮かぶ双子のような両島だが、歴史も住民も大きく異なり、蘭嶼には先住民族のタオ族が住み、台東から近い緑島には漢族が住む。

日本統治期に火焼島と呼ばれた緑島には浮浪者の収容所が設けられ、国民党統治期に政治犯の収容所となった。有罪無罪を問わず、労働を強制しつつ思想改造を施す施設だった。二・二八事件で失踪《しっそう》し、行方の知れない兄王育霖を思うとき、弟育徳は、火焼島にでも流されたのではないか、ひょっとして空き瓶に手紙を入れて消息を寄越《よこ》さないか、などと夢想した。

一九八七年の戒厳令解除以降、緑島ではマリンスポーツを中心に観光地化が進んだ。海中に湯が出て露天の入浴を楽しめる朝日（旭）温泉などの名所があり、海美しく、その名の通り緑豊かな島で、火焼島と呼ばれた時代とはイメージを一新した。

台湾には以上四島のほかに、福建省福州《ふくしゅう》の沖に、馬祖《まそ》列島の南竿《なんかん》・北竿《ほくかん》両島や、屏東《へいとう》県の沖に、小琉球《しょうりゅうきゅう》という離島がある。東港《とうこう》という小さな港から船で向かう小琉球には、漢族が居住し伝統文化が残る。台湾の離島は数少なく面積も狭いが、台湾の歴史とそれぞれ異なる形で関わりを持つ。小さな飛行機や船で島々へと旅することは、台湾を知ることでもある。

戦後の復興

知識人にとって暗い時代だった一九五〇年代だが、米国の援助を受けた国民党政府は徐々に改革を進め、台湾社会は新たな時代を迎えつつあった。台湾の通貨は「新台湾ドル」（新台幣）と呼ぶが、これは一九四九年六月の通貨改革による名称である。国共内戦下の中国大陸における破滅的なインフレの影響で、台湾でも激しいインフレが起きたが、大陸の銀行券との兌換《だかん》を停止し、デノミネーションを行うことで、台湾の経済は大陸と絶縁しインフレは収束した。

一九八〇年代半ばに至るまで、台湾の政治は国民党による一党独裁だった。政治家や高級官僚が主導する、いわゆる「開発独裁」の経済政策が進められたが、その出発点は、罷免《ひめん》された陳儀に代わって台湾省主席となった、蔣介石の右腕、陳誠《ちんせい》（一八九八―一九六五年）が五〇年代に推進した、農地改革と地方自治である。当時の台湾は農村社会で、各地に大地主がいたが、自作農を創出するため土地を安く買い上げて小作人に提供した。この施策の成功で農業生産が増大し、民心の安定を得た。国民党とともに大陸を逃れてきた二百万近い外省人の食糧も確保され、食糧の安定供給によりインフレも抑制された。

地方自治制度の施行も大きな働きを持った。日本統治期の公職選挙は、諮詢《しじゅん》機関の「協議会」についてのみ、わずか二回しか行われず、しかも制限選挙だった。戦後、国民党政府は一九五〇年に第一期の地方自治体首長や県・市議会選挙を行った。省主席の選挙は行われず、また台北市長や高雄市長の選挙はのち官選となったが、地方自治体で普通・直接選挙が行われたことで、国政は外省人が牛耳《ぎゅうじ》ったものの、地方政治は本省人の手に委ねられた。

本省人議員の経験

戦前に数少ない台湾人女性作家として活動した楊千鶴《ようちづる》（一九二一―二〇一一年）は、高等女学校を卒業後、職業婦人として働き、戦後は夫の仕事の関係で、台湾東部の小都市、台東で子育てをしていた。一九五〇年、台東鎮の議員選挙があり、女性一名の当選枠が設けられると、周囲は楊千鶴に立候補を求めた。選挙には経験はもちろん興味もなかった二十八歳の楊だが、乗せられて出馬し、はるか年上の中学校長夫人との一騎打ちを制した。

台湾で最初の選挙だけに、何もかもが新しい試みだった。演説では台湾語で「親愛なる父老兄弟姉妹の皆さん」と呼びかけた。これは夫の事務所にいた、外省人職員から教えられた挨拶だった。「あの競技にも似た選挙の経験。当選！　と知った時の、白々《しらじら》と明け初《そ》めた陽《ひ》の光りまでが昨日と違って見えた、勝利の感動は忘れられない」。選挙の興奮は新しい時代が到来した感覚をもたらした（『人生のプリズム』そうぶん社出版、一九九三年、二九五―二九六頁）。

私は当選後、先《ま》ず全県の婦女会大会開催を県政府に要求した。今まで日本の愛国婦人会から接管《せっかん》した財産を独占してきた会長の県長婦人があわて出し、山地の女性を会員としてかき集め、開会までにわたしたちに会わせないよう隔離するという卑劣な手段を取ったが、大会当日わたしの日本語講演が山地の会員に大きな反響を呼び、ほとんどがわたしの方に傾き、前任会長は敗北に歯ぎしりしながら会長の椅子から下りる他なかった。

台東は先住民族の多く住む地域で、当時は日本語が異民族間の共通語だった。議員となった楊千鶴は、婦女会の改革のみならず、警察の不法逮捕を指摘するなど、怖いもの知らずで県政を批判した。のちに夫がしっぺ返しを食らい、汚職の冤罪で一年の刑を科され、家族の犠牲を強いることになったが、女性の社会進出が制限された日本統治期では考えられない、やりがいのある仕事だった。

戦後の台湾では、政治改革を経て本省人が行政の一端を担い、また女性の地位が向上し社会参加が見られた。本省人と外省人の間に敵対心はあっても、民族的・文化的な懸隔は日本人と台湾人の間ほど大きくなかった。また日本と比べると女性の地位が相対的に上昇していた中国社会の影響を受けて、台湾の女性たちの社会における活躍も始まった。

一九五〇年代の経済復興は目覚ましかった。日本が残した企業は国民党政府によって接収されて国営企業となり、国民党を経済的に支えた。一九五〇年勃発の朝鮮戦争をきっかけとする米国からの援助は十五年間つづき、国防のみならず、財政や貿易赤字に苦しむ経済の復興と発展に大きく貢献した。戦前の台湾は大日本帝国の南方進出における橋頭堡《きょうとうほ》だったが、戦後は米国の東アジアにおける安全保障上の重要拠点として、冷戦下の世界戦略に組み込まれた。物資や資本など直接の支援のみならず、援助機関の施した訓練により、優秀な経済や農業官僚が育ち、高度経済成長を支えた。一九八八年に総統となる李登輝《りとうき》（一九二三年―）もその一人で、戦前に京都帝国大学で学んだ李は、戦後の五、六〇年代、アイオワ州立大学やコーネル大学で学び、農業官僚として頭角を現した。

対米依存の国民党が主導する経済成長の中、外省人が官界や軍・教育界を押さえる一方で、本省人は経済の領域に果敢に進出した。五〇年代には輸入規制のもと国内産業の発展が図られたが、六〇年代には外資や技術の導入による輸出型の工業化が進められた。輸出加工区が設けられた高雄は工業都市へと変貌した。軽工業を中心とした輸出品を製造したのが、中小の業者だった。地方の貧しい村に、高等な教育を受けることなく育った台湾人経営者たちが、手探りで企業を作り上げていった。政治的には暗い時代がつづくが、活発な経済活動は国民党の独裁時期にも保障されていた。台湾は変貌しつつあった。

外省人教師

一九三五年、南部の嘉義市に生まれた羅福全《らふくぜん》は、名門台南一中で学び、台湾大学に入学、留学して早稲田や東京大学、さらに米国で学び、卒業後は国際連合で働いた。一九五九年、兵役を終えた大学時代の友人たち四十名ほどが、泥湯で有名な台南の関子嶺《かんしれい》温泉で、留学の歓送会を催した。国民党の独裁に対し不満があったことは事実だが、反政府的な活動を展開したわけではなかった。しかし白色テロが吹き荒れた一九五〇年代、官憲は正当な理由もなく本省人エリートを拘束した。羅福全の友人たちは次々に逮捕され、四十名ほどの友人のうち八割ほどが検挙・拘禁されて拷問を受けた。留学直前にパスポートを没収され、八年の刑に処された友人もいた。

中国教育を受けた第一世代に当たる羅福全は、台南一中で外省人の教師から教育を受けた。中国語を上手く話せない本省人の教師が物理や数学を担当する一方で、外省人教師は中国語を用いて教える国語や地理・歴史などの科目を担当した。周りの本省人の大人が外省人に対し恨みを抱く一方で、羅は外省人教師に対し好感を抱いた（『台湾と日本のはざまを生きて――世界人、羅福全の回想』陳柔縉編著、小金丸貴志訳、藤原書店、二〇一六年、一〇四－一〇五頁）。

ある時、私は壁新聞の編集を担当していて、自分で書いた中国語の文章を貼り出した。故郷を離れて学び、中秋にも実家に帰れない所へ月餅《げっぺい》をくれた人があり、それを食べつつ音楽を聴き、月の光を眺める、等々の内容だった。それが歴史の女教師である薛蘊《せつうん》玉《ぎょく》先生の心に故郷を離れた漂泊の哀感を呼び起こしたのかもしれないが、彼女は非常に褒めてくれた。（中略）先生が皆の前で激賞してくれて私は非常に嬉しくなり、ますます中国語が好きになった。国文の教科書に載っている古い漢詩を私は暗記するまで熱心に読み続け、今でもしっかりと覚えている。

教師から褒められ発奮《はっぷん》する経験は、日本統治期を振り返る台湾人の回想にもしばしば見られる。中国語を用いての教授が求められたため、教育界では外省人が活躍した。中国各地を転々とし日本軍の空襲にさらされながら、戦火の中も新しい中国を作ろうと勉学に励んだ若い知識人たちは、台湾の青少年教育に熱意をもって当たった。

戦後台湾へ渡ってきた齊邦媛もその一人である。夫の仕事の都合で中部の大都市台中で子育てをしつつ、一九五三年から名門台中第一高級中学（高校に相当）で英語を教えた（『巨流河』下、前掲、六三－六四頁）。

当時は植民者の日本が去ってから十年足らずのことで、ほとんどの教員が大陸で戦乱を経験して台湾に来ており、その多くは名門校の出身で、教育の水準も熱意もきわめて高かった。台中一中は身の置きどころ、心の依りどころになっていた。

食料品市場、コンロ、哺乳瓶《ほにゅうびん》、おむつといったものの世界から、その数時間だけ「盗ん」で自分の好きな知識について語ることができる（中略）——わたし自身はとても幸福だった。ひとクラス四十数名がわたしを見上げて授業を聞いているその顔には、たしかな手ごたえが感じられ、知音《ちいん》を得た思いがした。

羅福全が習ったのも、齊邦媛のように異郷にあって教育への熱意にあふれる教師だったと推察される。齊はやがて台湾大学外国文学科教授として、台湾文学を代表する俊才たちを育て、また台湾文学の育成や海外への発信に大きな貢献をした。戦前に台湾へと渡って来た本省人がこの地に根を下したのと同様、二十代半ばで海峡を渡った外省人の齊邦媛も、台湾でその能力を発揮し、台湾からはみ出るようにして活躍の場を広げた。

外省人の自由主義者

社会主義国家となった大陸の中華人民共和国では、一九五七年の反右派《はんうは》闘争以降、共産党により知識人が迫害された。その一方、「自由中国」を謳《うた》っていた台湾の中華民国でも、立憲制の民主主義国家ではあったが、戒厳令下にあって言論の自由は保障されていなかった。二・二八事件につづく白色テロの時代、摘発の対象となったのは、共産党と関わりのある活動家や左翼思想の持ち主、あるいは台湾独立運動家など、主に本省人の知識人だったが、独裁を批判した外省人の知識人たちも、容赦ない弾圧の対象となった。

齊邦媛より一歳下で、南京の国立中央大学を卒業し、一九四九年に台湾へと渡った聶華苓《じょうかれい》（一九二五年—）は、同年台北で創刊された雑誌『自由中国』の編集を手伝っていた。編集長の雷震《らいしん》（一八九七—一九七九年）は、若いころ日本に留学し京都帝国大学法学部を卒業した、外省人の知識人である。ほかにも、戦前の中国を代表する大知識人の胡適《こてき》（一八九一—一九六二年）や、台湾大学で哲学を教える気鋭の思想家殷海光《いんかいこう》（一九一九—六九年）ら、錚々《そうそう》たる人物がこの雑誌に関わった。

『自由中国』は中華人民共和国の共産主義に対抗して、中華民国の自由主義を標榜《ひょうぼう》した。しかし蔣介石や国民党の独裁を批判し、民主政治を求める政党の結成を計画したため、一九六〇年九月、雷震が逮捕され、雑誌は廃刊に追いやられた（聶華苓『三生三世——中国・台湾・アメリカに生きて』島田順子訳、藤原書店、二〇〇八年、二三九頁）。

一九六〇年、雷震《レイチェン》氏ら四人が逮捕され、『自由中国』は封鎖された。私が住む家の付近は、いつも誰かが行ったり来たりしていた。警備本部は口実を設けて世帯調査を行い、深夜に何度も我が家を捜査した。（中略）私と母は彼〔殷海光〕の安全を非常に心配した。毎朝、新聞を開くや、殷海光の名前がないか見た。

雷震は叛乱煽動罪《はんらんせんどうざい》で懲役十年に処され、胡適は事件に関し口を閉ざした。殷海光は罪こそ免れたものの、日夜監視された。作家志望の聶華苓をつねに励ましてくれた殷に対し、聶は深く信頼を寄せ、家族ぐるみの交流があった。事件後二年間街へ出なかった殷が、ある日突然聶の家を訪ねてきた。髪は残らず白くなっていた。一九六五年には授業を禁じられ、著書は発禁となり、特務の監視下自宅に軟禁され、六九年、五十歳で世を去る。

王育徳の独立運動

一九五〇年に日本へ亡命した王育徳は、東京大学に再入学し、台湾語の研究を始めた。台湾がいつの日か独立したら、台湾語が国語になる、と考えてのことだった。国民党による統治がつづけば、日本統治期同様、台湾語は消滅の危機に瀕するかもしれない。台湾人が中国人と異なるとすれば、その大きな理由の一つに、台湾語の存在があるはずだった。台湾語には漢字で表記できない文字がある。十九世紀、西洋から来た宣教師たちが布教を目的として考案した、教会式のローマ字表記があったが、王はこれとは別に独自の表記法を考案するなどして、台湾語が書き言葉としても使用される将来をめざし、工夫を重ねた。台湾語のテキストを作り、大学で台湾語の授業を担当して普及に努めた。

研究の一方で、王育徳は一九六〇年から、台南一中の卒業生、黄昭堂《こうしょうどう》（一九三二－二〇〇一一年）をはじめとする教え子たちと、日本で台湾独立運動を開始する。留学してくる台湾人の中に、国民党の独裁に不満を持ち、民主的な独立国家を作りたいと考える若者たちがいた。これら若い運動家から刺激を受け、雑誌『台湾青年』を創刊する。誌名は戦前の東京で、植民地統治に抵抗する留学生たちが出した言論雑誌、『台湾青年』に倣《なら》った。

明治大学で中国語の講師となっていた王育徳は、自宅を会議や編集の場所として提供し、日本在住の台湾人経営者の間を回って資金を集め、雑誌の刊行を支えた。二・二八事件の特集を組むなど、血なまぐさい台湾の現状を伝えようと努めた。その一方で大きな読み物となったのは、王の「台湾語講座」である。台湾語に親しんで育ち、専門に研究するようになった王の、豊かな知識がわかりやすく提供された。

王育徳は台湾人を主体とする歴史を描く必要があると考え、『台湾——苦悶するその歴史』（弘文堂、初版は一九六四年）を書き、また文学青年だった経験から、台湾人の文学を論じた（のち『台湾海峡』日中出版、一九八三年に収録）。日本で独立運動を展開する革命家の中には、王より少し年上で、戦前の中国を経験した史明《しめい》（一九一八－二〇一九年）のように、暴力革命をもくろむ者もいたが、王は文筆の力を信じて台湾の独立を訴えつづけた。

葉石濤の郷土文学論

王育徳が日本で独立運動を展開していた一九六〇年代、葉石濤は再び文筆を執《と》るようになっていた。一九五一年に逮捕され、五四年に釈放されてから、嘉義県や台南県の田舎で小学校の教師をしていた葉が、戦前と異なり中国語で執筆を始めるのは、六五年のことである。呉濁流《ごだくりゅう》などの台湾人作家を論じる評論を書き、また生まれ育った台南を舞台とする小説を書いた。昼は小学校に勤め、夜には孜々《しし》として机に向かい、六八年には最初の短編小説集や評論集を刊行した。本省人作家の文学を論じて著名になり、七七年には有名な「台湾郷土文学史導論」(『夏潮』同年五月。『台湾郷土作家論集』台北:遠景、一九七九年に収録)を発表した。

一九七〇年代、台湾の現実を描く「郷土文学」が勃興したのに対し、外省人作家たちは地域主義を批判した。反論した一人が葉石濤で、一九七七年から七八年にかけて大きな論争となった。葉らの主張は文学の枠にとどまらず、台湾文化の独自性や主体性を主張する、「本土化」という大きなテーマを掲げた(「台湾郷土文学史導論」、四頁、引用者訳)。

いわゆる台湾郷土文学とは、台湾人つまり「台湾に居住する漢族および先住民族」の書いた文学であるべきだ。しかし台湾は歴史においてかつて特殊な経緯があった――オランダ人、スペイン人、日本人といった異民族に統治されること百年以上にも達する悲痛の歴史である。よってこの土地の郷土文学史においては、外国語を用いて書かれた台湾に関する作品も残されている。台湾人自身も統治者の言語を用いて創作したのだ。

（中略）

私たちの郷土文学は皮膚や言語などの束縛を受けないが、しかし台湾の郷土文学には一つの前提条件がある。それは、「台湾を中心として」書かれたものであるべきだ。言い換えれば、それは台湾の立場に立って世界すべてを見るものであるべきだ。

日本と台湾にあった王育徳と葉石濤だが、一九六〇年代にはお互いの活動を承知していた。王の日本での台湾語研究や独立運動に注目していた葉は、留学する友人に頼んで、王の文学評論『台湾海峡』をこっそり持ち帰ってもらった。一方王も、葉が再起後すぐに書いた呉濁流論や「台湾郷土文学史導論」を読んでいた。同じく台南出身で、年齢も近い二人は、遠く隔たりながら、異なる手法で台湾の未来を描いていた。その内実には相違があるが、台湾に住む人々を台湾の主人公と考える点で重なっていた。

蔣経国時代の「本土化」「民主化」

一九七〇年代、台湾の政治にも変化が生じていた。戦後の復興を支えた蔣介石の片腕、陳誠が一九六五年に死去すると、蔣の息子蔣経国《しょうけいこく》（一九一〇―八八年）が政治の表舞台に出てくる。蔣経国は戦後、治安組織や軍の統制など政権の裏側の仕事をしていたが、農地改革や地方自治実施で能力を発揮し、六〇年代に徐々に権力を握り、七〇年代には実質的に台湾の最高権力者となった。七二年行政院長（日本の内閣総理大臣に相当、ただし中華民国は大統領制）となり、七五年蔣介石が死去すると、国民党主席・総統となった。

一九七〇年代は米中が接近するなど、外交において台湾は苦境に立たされたが、蔣経国は政治経済の改革を進め、国民党や行政院（内閣に相当）に本省人を登用し、「十大建設」と呼ばれる大規模なインフラの整備を行い、全島の改造を進めた。一九六〇年代の高度成長期を経て、七〇年代には農業社会から産業社会へと変化した。かつて叫ばれた「大陸反攻」は形ばかりのお題目となった。国民党が台湾へと定着し、中華民国が台湾のサイズに収まる、政治の「本土化」が始まるのは、蔣経国の時代である。

一九七九年、米国が中国と国交を樹立し、台湾は国際的に孤立を深める。そんな中、七〇年代後半から「党外」勢力と呼ばれる国民党以外の政治団体が成長してきた。民主化や独立を掲げて、国民党に対し公然と挑戦を始めたこれらの政治団体は、当初は激しい弾圧に遭った。しかし八〇年代に入ると、晩年の蔣経国はこれら国民党外の政治団体を容認し、のち国民党と政権の座を争う二大政党の一つへと成長する「民主進歩党」（民進党）の結成を黙認した。一九八七年七月には、四十年つづいた戒厳令の解除に踏み切る。本土化のみならず、台湾の「民主化」は、蔣経国が権力を掌握していた八〇年代に地歩を固めた。

国姓爺の使者

戦前台南に住んだ日本人が戦後に台湾を訪れることは多くなかった。前嶋信次はヨーロッパ旅行の帰途立ち寄ろうとしたが、事情で願いは果たされなかった。しかしわざわざ旧師を訪ねてくる卒業生がいた。一九五九年の晩秋、雨の日、頭の禿げた中年紳士が訪れ、金門島で鄭氏に関する遺跡が発掘されたと報告した。鄭成功が遣わしたかと思われる使者を前に、二十年以上昔の記憶が鮮明によみがえる（「国姓爺の使者」『三色旗』第百四十三号、一九六〇年二月。杉田英明編『書物と旅——東西往還』平凡社東洋文庫、二〇〇一年、二〇七頁）。

黄《こう》君の家は、大東門外にあった。あのころはまだ清朝時代のみやびやかな城門がのこっていたが、そこを出てしばらく行くと土塀《どべい》をめぐらした宏壮な屋敷があって、門内はいつもひっそりとしていた。そのあたりの閑静さをこのんで私はときどき散歩に出かけたのだが、つい気おされて門内にはいったことはなかった。聞けば黄君の父君も終戦後世を去り、今では彼が家長で、土地のある会社の社長をしたりするかたわら、郷土史の研究家のグループに加わって史蹟を訪ねたり、座談会をひらいたりするのを楽しみにしているとのことである。あの静かないわゆる台湾の古都で、そうして何不自由なく悠々と暮している同君の現在を私は祝福しないではいられなかった。

訪ねてきたのは黄天横《こうてんおう》（一九二二―二〇一六年）、台南の著名な郷土史家である。二歳下の王育徳とともに台南一中での前嶋の教え子だった。授業中はもっぱら自らが掘り下げつつある台湾の歴史を語り、終業間際に大慌てでそそくさと教科書をやっつける前嶋に、一中の数少ない台湾人生徒たちは敬意を抱いた。教科書に書かれたのは遠く離れた皇国の歴史だが、前嶋が訥々《とつとつ》と、しかし熱意を込めて語るのは、自らが生きる土地の歴史だった。刺激を受けたのも無理なく、またその刺激は戦後まで長くつづいた。

同じことは、國分直一や新垣宏一《にいがきこういち》と、彼らと交流のあった台湾人生徒との間にも起きた。葉石濤は、台南二中の生物教師金子壽衛男《かねこすえお》や、一高女の國分から影響を受けて、自らの住む土地を掘り進めた。文学青年だった王育霖・育徳兄弟は、台北高校の先輩である新垣に親しみ、東京帝大生となった育霖と、新垣が教える二高女の卒業生との間に縁談が持ち上がった際には、兄弟連れだって新垣を訪れ、意見を求めた。新垣は兄弟の姿を小説「訂盟《ていめい》」（『文芸台湾』第五巻第三号、一九四二年十二月二十五日）に描き、新時代の青年たちを通して、戦時下の台湾に残る風習を描いた。王兄弟は必ずや小説に目を通したことだろう。

王育霖・育徳兄弟は、旧制高校在学中から台湾研究を志した。所属する校内の文芸部の雑誌に、台湾の歌謡や演劇を論じた随筆を掲載した。十代後半の仕事というのが信じられないほどの見事な出来である。王兄弟だけではない、台南からは郷土を研究する優秀な青年たちが育った。黄天横も葉石濤も、歴史の地層を掘り起こす大きな仕事をした。その背後には、前嶋や國分・新垣ら、台南に愛着を抱く日本人の存在があった。

日本統治期の台湾で、台湾人と日本人の、異なる民族の間に、大きな壁があったことは間違いない。多くの悲劇をもたらし、多くの涙が流された。だがそれとともに、台湾の歴史に日本による統治が組み込まれ、現在の台湾人を形づくる大きな要因となったことも事実である。日本統治期は台湾の四百年にわたる歴史の欠かせない一部となった。

そのごく片隅に、蘭嶼における國分直一とシャマン・カリヤルや、佳里における國分と呉新榮の交友、台南における前嶋信次と王育徳、金子壽衛男・國分と葉石濤の師弟関係などのエピソードがある。小さな人間関係など、大きな歴史の前では取り上げる人も少ない。しかし彼らの交流から生まれた、台湾という土地に対する理解は、やがて地表に染み出る地下水のように、現在の台湾を作る重要な考え方の一つとなったのである。

終章　民主化の時代の台湾

一九九九年の台南

筆者が初めて台湾を訪れたのは、一九九九年九月だった。台南《たいなん》の私立大学に奉職する友人に誘われ、日本語教師として赴任した。高雄《たかお》小港《しょうこう》国際空港に出迎えてくれた同僚の車に乗り、台南へと向かう。高速道路を走る車の窓をスコールの雨粒が叩いた。初めて目にした台湾の街が、雨上りの台南だった。台湾がどのような土地で、ここがどのような街なのか、何の知識もなかった。

着いて早々、足の便が必要だと考え、自転車を買いに行った。中古の自転車屋の六十代と思しき男性は日本語を話した。かつて日本の植民地だった以上、流暢《りゅうちょう》な日本語に驚きはなかったが、各地に残る統治期の面影を見るたび、台湾と日本の関係について考えずにいられなかった。一年後、免許をとって、原付で台南と周辺をめぐった。夕立をのぞけば晴天に恵まれ、公共交通機関がバスに限られる台南では、原付が便利だった。遠出して屏東《へいとう》の東港《とうこう》からフェリーに乗り、離島の小琉球《しょうりゅうきゅう》を回ったこともある。

一九九九年後半の台湾は、空前の選挙ブームだった。二〇〇〇年三月に総統選（大統領選挙）があり、国民党の連戦《れんせん》（一九三六年―）、国民党を離脱した宋楚瑜《そうそゆ》（一九四二年―）、民進党の陳水扁《ちんすいへん》（一九五一年―）の三候補による戦いだった。陳水扁が僅差《きんさ》で当選するまで、激烈な選挙運動がくり広げられ、テレビは昼夜わかたず選挙の報道だった。濁水渓より南の台湾南部、ことに台南は民進党の金城湯池《きんじょうとうち》で、陳の熱烈な支持者が多い。まるで社会全体が選挙で覆われたようだった。日本のテレビでたまに台湾の国会における殴り合いが映されるのを見て、よほど根深い対立があるのかなと思っていたが、台湾の過去を少しずつ知ることで、選挙がなにゆえかくも白熱するのか理解していった。

総統選

台湾社会の曲がり角はいくつもあったが、二〇〇〇年三月の総統選もその一つである。戦後中国国民党による独裁政治がつづいたが、一九八〇年代から国民党の外の「党外《とうがい》」勢力が力をつけ、地方選挙で活動し雑誌を刊行するなどして、戒厳令下の言論統制に挑戦した。一九八六年、蔣経国《しょうけいこく》（一九一〇―八八年）が黙認して「民主進歩党」が結成され、翌八七年、四十年近くつづいた戒厳令が解除されると、民主化を求める勢力は国民党に対抗するまでに成長する。立法院の委員（国会議員）は戦後の非改選により終身職だったが、九一年「万年議員」が退職させられると、野党は国政選挙にも挑む。

一九八八年に蔣経国が死去したとき、総統となったのは李登輝《りとうき》（一九二三年－）だった。台北市長や副総統を歴任したものの、学者出身で地盤を持たず、手腕のほどが問われたが、台湾人初の総統として支持を獲得し、蔣経国時代に始まる「民主化」や「本土化」を強力に推し進めた。九五年には「二・二八事件」について公式に謝罪した。九六年、最初の民選の直接選挙による総統選が行われた。中国がミサイル演習を行って李登輝や支持者を牽制したが、かえって結束が固まる結果となった。

次の二〇〇〇年の総統選は、政権交代の選挙となった。国会議員数にしても、地方の首長や議会議員数においても、野党の民進党は国民党の後塵《こうじん》を拝していた。二〇〇〇年の総統選で党候補の陳水扁が当選するかどうかは未知数だった。勝機は三つ巴《どもえ》の戦いとなったことでもたらされた。廟の祭りが盛んな台湾では、選挙民が大量に動員される選挙運動も祭りのごとき高揚感をともなう。巨大イベントの中で陳が薄氷の勝利を得て、民進党が初めて政権を担ったのである。

台湾の民主化運動は、「本土化」の運動でもあった。本土化は「台湾化」と言い換えることができるように、外来政権である国民党が台湾に根差した政党となり、中華民国が中国全土を統治する国家でなく、台湾サイズへと収まる変化である。自らを「中国人」ではなく「台湾人」だと考える台湾人意識は年々強まり、教育の場でも台湾の歴史地理が教えられ、中国の古典文学と並んで台湾の文学が教えられるようになった。

民進党政権はこの流れを促進したが、その結果、独立運動を警戒する中国を刺激した。中台関係の安定を求める民意は、二〇〇八年の選挙で、関係改善や経済活性化を訴える、国民党の馬英九《ばえいきゅう》（一九五〇年―）を総統に選んだ。馬は二〇一二年の選挙でも連勝したが、一四年、中国との「サービス貿易協定」（自由貿易化）を進めたため、反対する学生たちが立法院を占拠する「ひまわり学生運動」が起きるなどして、支持を失う。二〇一六年、捲土重来《けんどちょうらい》を期した民進党の蔡英文《さいえいぶん》（一九五六年―）が国民党候補に圧勝し、民進党は政権与党に返り咲いた。

台湾社会の変化

一九六〇年代から高度成長期を迎えた台湾経済は、七三年の石油ショックや九七年のアジア通貨危機などを乗り越えて、物質的豊かさをもたらした。現在の経済規模は人口において同等の関西地方に匹敵しつつあり、生活水準は日本を凌駕《りょうが》しつつある。

この経済成長に貢献したのが、戦後国民党政府とともに来台した外省人と、住民の八割以上を占める、閩南人と客家人を併せた本省人である。政界や国営企業は外省人が押さえる一方、本省人は民間の経済活動に邁進《まいしん》し、無数の中小企業が群立するとともに、「台湾プラスチック（台塑《たいそ》）」や「エバーグリーン（長栄《ちょうえい》）」のような大企業も生まれた。一九八〇年代以降、ハイテク産業に傾注した台湾では、「ＴＳＭＣ（台湾集積電路製造《たいわんしゅうせきでんろ》）」、「鴻海《ホンハイ》（フォックスコン）」のような、日本の大企業をも上回る巨大企業も育った。

その一方で、一九八〇年代以降民主化が進むと、少数者の権利回復や獲得運動が盛んになる。先住民族は失われた土地や尊厳を求めて声を上げ、多元化を旗印とする社会もこれを支援した。支配者がもたらした言語である「国語」（北京語）に対し、台湾語が復権すると、今度は客家語や各先住民族の言語に対する尊重が大きな流れとなった。台湾でＬＧＢＴ（性的少数者）の運動が盛んなのも、この流れに位置づけられるだろう。

各民族グループが自己主張の声を上げる一方で、世代を経るにつれ、民族グループ間の混淆が進む。二十一世紀に入ると、国民党は台湾土着の政党としての色合いを濃くし、逆に民進党は独立志向の色合いを薄めた。国民党と民進党の違いは対中政策において鮮明だが、本省人や外省人といった区分はさほど重要な指標ではなくなり、政党への支持とは必ずしも直結しない。「台湾人」という枠組みを前提に、経済面でも圧倒的に巨大な存在となった中国といかに相対するのかが、現在の台湾にとって最大の課題である。

台湾への旅の入り口

ただし、「台湾人」とは何者かを定義することは、今も容易ではない。一九九〇年代以降、新たな移民が登場する。早くには「越南新娘《ベトナムはなよめ》」と呼ばれる、ベトナムから台湾の農村などへと嫁いできた女性たちや、「外労《ワイラオ》」(外国人労働者)と呼ばれる、タイやインドネシアなどから出稼ぎに来た男性の労働者がいた。さらに、高齢化する台湾社会で介護に従事したり、夫婦共働きが多い家庭で家事を行う女性が、インドネシアやフィリピンから数多くやってくる。

主に東南アジアから来た新しい移民は、「新住民」と呼ばれる。台湾の街を歩いていて、老人の座る車椅子を押す東南アジア出身の女性や、工事や漁業の現場で働く若い男性、週末になると労働から解放されてつかの間の自由の時を過ごす、これらの国々の若い男女の姿を見かけないことはないだろう。都市には東南アジア出身者のためのレストランや食材を売る店が集中する一角があり、新たなコミュニティができている。

肉体労働の担い手として導入された「新住民」の多くは、社会の底辺に置かれた。当初はいずれ帰国するとの前提があったが、現在では台湾社会に定着し、二世が生まれ、台湾社会の成員となりつつある。七十万人を超える「新住民」は、台湾の多民族社会を構成する欠かせない民族グループとなっている。移民がつくった社会は、今も変化をつづけている。

本書は台湾の歴史と文化を、十七世紀のオランダ時代から二十世紀後半の戦後まで、六章にわけて紹介してきた。台湾に住む人々は、大きく分類すると、南方から移住して来たと思われる、オーストロネシア語族の先住民族と、台湾海峡を渡って来た漢族の、閩南人・客家人・外省人、そして近年の移住者、新住民となる。しかし歴史をひもとけば、外来政権の、オランダ・鄭氏政権・清朝・日本・国民党による独壇場だった。台湾に住む人々はつねに外から侵攻してくる支配者を順繰りに受け入れざるをえなかった。

長い年月をかけて、一九八〇年代に至り、この地に生を享けた人々が、この地の主役となる時代が、ようやく訪れた。流された血と涙、はかり知れない勇気と智慧《ちえ》があって、この時代は築かれた。台湾に住む人々を「台湾人」と呼ぶことのできる時代が、ようやく来たのである。

日本のすぐ近く、しかし日本人の多くがその歴史や文化を知ることのない土地に、複雑で独自の、知るに値する歴史や文化が存在する。本書に記したのは、さまざまな角度から描くことの可能な、台湾の歴史と文化の、一つの見取り図にすぎないが、それは筆者にとっての発見の時間、台湾を知るための旅の道のりだったといえる。本書が読者の皆さんにとっても、発見の糸口、旅の出発点となってくれれば、と願うばかりである。

あとがき

二〇一五年、本書の企画をいただいたとき、果たして私に、台湾の歴史と文化に関する入門書を書くことができるのだろうか、と覚束《おぼつか》ない思いがした。

筆者は比較文学比較文化を専門としている。中でも日本・中国・台湾の文学を領域とし、台湾の歴史や文化全般に詳しいわけではない。しかし文学を研究する過程で、広く歴史や文化に触れる必要があった。文学だけを切り離して研究できるものではない。これまでの経験を活かせば、自分なりの台湾を描けるのではないか、と思い直した。

いささかの野心もあった。過去の台湾に関する書籍の多くが、台北を中心に、北部の視点から書かれてきたことが気になっていた。終章で記したように、筆者がかつて暮らしたのは古都台南、今も伝統文化の残る、台湾語の話される街である。東京だけを見て日本のすべてがわかったと思われても困るように、台北だけで能事畢《のうじおわ》れり、とされては釈然としない。

それに、そもそも台湾の歴史と文化の全体を、研究の進んだ現在、独力で描くのは、いかなる研究者にとっても難しい。ならばいっそ、非力を顧みず、私が書いてもいいのではないか、と言い聞かせた。

筆者としては、愉快に読める、わかりやすい本、ストーリーに従い読みすすめれば、台湾について最低限の知識を提供できる、そんな本をめざした。出来については読者の判断を待つしかないが、筆者なりの力を尽くした。とはいえ、視野の狭さや理解の浅さ、一九八〇年代以降の台湾に、手法や紙幅等の理由で言及できなかった点は、ご寛恕《かんじょ》願いたい。

本書の登場人物である、國分直一《こくぶなおいち》・前嶋信次《まえじましんじ》・新垣宏一《にいがきこういち》らの日本人、葉石濤《ようせきとう》・呉新榮《ごしんえい》・王育徳《おういくとく》らの台湾人は、台南と縁の深い人たちである。より詳しく知りたいと希望される場合、筆者が過去に書いた二冊をご一読いただければ幸いである。学術書としての七面倒な箇所は読み飛ばしていただければ、日本統治期の台南に咲いた小さな文学の花がどんなものだったか、知っていただけると思う。

『台南文学――日本統治期台湾・台南の日本人作家群像』
『台南文学の地層を掘る――日本統治期台湾・台南の台湾人作家群像』
（関西学院大学出版会、二〇一五／一九年）

日本統治期の台南と関わる文学者はほかにもいる。本書には登場しなかった台南のモダニズム詩人、楊熾昌《ようししょう》や李張瑞《りちょうずい》らについては、台湾で作られたドキュメンタリー映画『日曜日の散歩者――わすれられた台湾詩人たち』（黄亞歴《こうあれき》監督、二〇一六年）がある。読書案内には台南に関する本を記した。それらの本を読んでから訪れると、街はいっそう深い表情を見せてくれることと思う。

執筆の過程で、多くの方々のご助力を仰いだ。台南に住んで以来、無数の出会いがあって、本書は生まれている。あの人の面差し、この人の声やしぐさが思い浮かぶ。一々お名前を記すのはひかえるが、台南在住の、鳳気至《ふげし》純平《じゅんぺい》さん、黒羽《くろは》夏彦《なつひこ》さんには、原稿ができた時点で目を通し、誤りを指摘していただいた。記して感謝したい。

編集を担当してくださったのは、中央公論新社の並木《なみき》光晴《みつはる》さん、楊木《やなぎ》文祥《ふみよし》さんである。並木さんは母校のサークルの先輩で、新入生にとって仰ぎ見るような存在だった。原稿がはかどらず長くお待たせしたが、こうして仕事でご一緒できて感慨深い。原稿の完成が見込まれた時点で、楊木さんに引き継いでいただいた。順調に刊行までこぎつけたのは、楊木さんのおかげである。また校閲の方々には的確に誤りを指摘していただいた。深く感謝申し上げる。

あとがきは台南のホテルで書いている。場所は街の中心、一九三〇年代に前嶋が媽祖《まそ》の祭りを見物した、古跡・大井頭《だいせいとう》のすぐそば。年末の土曜日、近くの天公廟《てんこうびょう》か北極殿《ほっきょくでん》ででも祭りがあるのか、朝から爆竹や銅鑼《どら》の音が聞こえる。

世紀の変わり目に、たった二年間住んだだけの、台南。しかし、一九三〇年代の姿をとどめる駅の構内にたたずんでも、民権路を歩き萬川号《ばんせんごう》に立ち寄っても、成功大学の榕樹園《ようじゅえん》を散歩しても、私がこの世に生を享《う》けた意味の、大きな部分が、この街と結びついている、と思う。離れて二十年経ったが、街の空気が大きくは変わらないから、そう思うのか。

街を歩きながら、もし生まれ変わったら、と願わずにいられない。神も仏もない人間だし、何の役にも立たない想像だと承知していても、異なる人生がここにあったのではないか、と思い描く気持ちを抑えられない。台南に住んだことに感謝しつつ、何年経っても、もしあのときこの街に残る選択をしていたら、と問いかけずにいられない。

二〇一九年十二月

大東和重

台湾歴史年表

1622	オランダ、澎湖島を占領
1624	オランダ、台南周辺を占領、安平にゼーランジャ城（安平古堡）、台南にプロヴィンシャ城（赤嵌楼）を建設
1626	スペイン、基隆を占領、サン・サルバドル城を建設
1628	スペイン、淡水を占領、サン・ドミンゴ城（紅毛城）を建設。濱田弥兵衛事件
1642	オランダ、スペインを台湾北部から駆逐
1662	鄭成功、オランダを台湾から駆逐、台湾南部を支配
1666	台南孔子廟落成
1683	鄭氏政権、清朝に降伏
1684	清朝、台湾を版図に収め、福建省下に一府三県（台湾府・台湾県・鳳山県・諸羅県）を置く
1739	風神廟創建
1856	アロー戦争勃発（1858年天津条約、1860年北京条約締結）
1860	安平港・淡水港開港（基隆港・高雄港は1863年開港）
1871	牡丹社事件（台湾南部に漂着した宮古島民が先住民族に殺害される）
1874	日本、台湾に出兵
1884	清仏戦争勃発
1885	福建省から分かれて台湾省となる。劉銘伝が初代巡撫に着任

１８９１	首府が台南から台北へと移る。台北－基隆間の鉄道完成
１８９４	日清戦争勃発
１８９５	下関条約締結、台湾・澎湖を日本へ割譲。台湾総督府設置　台湾民主国が成立を宣言　日本軍が台湾を占領、将軍劉永福ら逃亡
１８９７	鳥居龍蔵、蘭嶼で人類学調査
１８９８	児玉源太郎が総督、後藤新平が民政長官に着任。公学校・小学校を開設
１９０７	北埔事件（１９１２年林圯埔事件、１９１３年苗栗事件）
１９１５	西来庵事件。下村宏が民政長官に着任
１９１９	田健治郎が初代文官総督に着任
１９２０	台湾人日本留学生を中心に東京で新民会を結成、雑誌『台湾青年』を創刊
１９２１	「台湾議会設置請願書」を帝国議会に提出、台湾文化協会を結成
１９２２	総督府高等学校開校（のち台北高等学校と改称）
１９２３	治安警察法違反事件（治警事件、台湾の民族運動に対する弾圧）
１９２７	台湾民衆党を結成
１９２８	台北帝国大学開校
１９３０	霧社事件
１９３１	満洲事変勃発
１９３７	日中戦争勃発。皇民化運動始まる
１９４１	太平洋戦争勃発。高砂義勇隊編成
１９４２	台湾人に対する志願兵制度始まる（徴兵制は１９４４年に開始）
１９４５	日本が連合国に降伏。国民党政府が台湾を接収し、中華民国の領土となる。陳儀が行政長官に着任

1947	二・二八事件。白色テロの時代を迎える
1949	戒厳令施行。新台湾ドル発行。共産党との内戦に敗北した国民党政府、首都を台北に移す
1950	朝鮮戦争勃発。米国大統領トルーマン、台湾海峡の中立化を宣言し、艦隊を海峡に派遣
1952	日華平和条約締結
1960	王育徳、東京で台湾独立を主張する雑誌『台湾青年』を創刊。雑誌『自由中国』停刊となり、編集長雷震が逮捕される
1971	中華民国、国連を脱退
1972	日中国交正常化。台日断交
1975	蔣介石死去
1978	蔣経国、総統に就任
1979	美麗島事件（民主化運動に対する弾圧）
1986	民主進歩党結成
1987	戒厳令解除
1988	蔣経国死去。李登輝が総統に昇格
1996	初の総統直接選挙で李登輝が当選
2000	民進党の陳水扁が総統に当選
2008	国民党の馬英九が総統に当選
2010	県市の合併により五直轄市となる（台北・新北・台中・台南・高雄各市）
2014	ひまわり学生運動（国民党政府の進める貿易協定に対する反対運動）
2016	民進党の蔡英文が総統に当選

［台湾の映画・文学］

台湾の映画を知るには、田村志津枝『台湾発見――映画が描く「未知」の島』（朝日文庫、1992年。原著は1989年）、戸張東夫・廖金鳳・陳儒修『台湾映画のすべて』（丸善ブックス、2006年）、野嶋剛『認識・TAIWAN・電影――映画で知る台湾』（明石書店、2015年）など。戦前台湾の映画人については、専門的だが、三澤真美恵『「帝国」と「祖国」のはざま――植民地期台湾映画人の交渉と越境』（岩波書店、2010年）が重厚な一冊。

文学の入門書に、藤井省三・垂水千恵・河原功・山口守編『講座台湾文学』（国書刊行会、2003年）、文学史には、陳芳明『台湾新文学史』（下村作次郎ほか訳、東方書店、2015年）、中島利郎・河原功・下村作次郎編『台湾近現代文学史』（研文出版、2014年）などがある。

台湾文学の翻訳は近年数を増している。主な翻訳のシリーズに、『台湾現代詩人シリーズ』（思潮社）、『シリーズ台湾現代詩』（国書刊行会）、『台湾現代小説選』（研文出版）、『新しい台湾の文学』（国書刊行会）、『台湾セクシュアル・マイノリティ文学』（作品社）、『台湾熱帯文学』（人文書院）、『台湾郷土文学選集』（研文出版）など。白水社の海外文学翻訳シリーズ「エクス・リブリス」にも台湾文学を複数収める。

ズム——中華民族主義の実像』（岩波書店、2016年）がある。

終章　民主化の時代の台湾

［民主化の時代・李登輝・民進党・陳水扁・蔡英文］

1980年代から90年代の民主化の時代を知るには、上村幸治『台湾——アジアの夢の物語』（新潮社、1994年）、柳本通彦『台湾革命——緊迫！台湾海峡の21世紀』（集英社新書、2000年）が読みやすい。

蔣介石・経国父子の次の総統となった李登輝の著作には『台湾の主張』（PHP 研究所、1999年）があり、伝記には、若林正丈『蔣経国と李登輝——「大陸国家」からの離陸？』（岩波書店、1997年）、上坂冬子『虎口の総統——李登輝とその妻』（文春文庫、2001年）などがある。

1990年代の観察として、石田浩『わがまま研究者の台湾奮戦記——近代化へ模索する台湾』（晃洋書房、1995年）、若林正丈『台湾の台湾語人・中国語人・日本語人——台湾人の夢と現実』（朝日選書、1997年）が面白く読め、恰好の台湾入門となっている。

民進党については、丸山勝『陳水扁の時代——台湾・民進党、誕生から政権獲得まで』（藤原書店、2000年）がある。李登輝の次の総統、陳水扁の自伝には、『台湾之子』（及川朋子ほか訳、毎日新聞社、2000年）がある。国民党の馬英九をはさんで、民進党から総統となった蔡英文の自伝には、『蔡英文自伝——台湾初の女性総統が歩んだ道』（劉永毅・前原志保訳、白水社、2017年）がある。李登輝と並んで日本で知られる台湾人、テレサ・テンについては、平野久美子『テレサ・テンが見た夢——華人歌星伝説』（ちくま文庫、2015年。原著は1996年）、有田芳生『私の家は山の向こう——テレサ・テン十年目の真実』（文春文庫、2007年、原著は2005年）がある。

21世紀に入ってからの台湾を知るには、野嶋剛『台湾とは何か』（ちくま新書、2016年）があり、水野俊平『台湾の若者を知りたい』（岩波ジュニア新書、2018年）は若者へのインタビューにもとづく。

［台湾独立運動の回想］

台湾で独立運動を進めた人物の回想に、鍾謙順『台湾難友に祈る』（前掲）がある。日本での独立運動については関係者の回想が多くある、史明『100歳の台湾人革命家・史明 自伝』（講談社、2018年）、黄昭堂『台湾独立建国運動の指導者 黄昭堂』（宗像隆幸・趙天徳編訳、自由社、2013年）、宗像隆幸『台湾独立運動私記——三十五年の夢』（文藝春秋、1996年）、同『台湾建国——台湾人と共に歩いた四十七年』（まどか出版、2008年）、金美齢『夫への詫び状』（『夫婦純愛』小学館、2007年。PHP 文庫、2012年）、許世楷・盧千恵『台湾という新しい国』（まどか出版、2010年）、盧千恵『私のなかのよき日本——台湾駐日代表夫人の回想五十年』（草思社、2007年。同文庫、2014年）など。

［台湾の民主化運動］

民主化運動については、李筱峯『台湾・クロスロード』（酒井亨訳、1993年。原著は1987年）、丸山勝『陳水扁の時代——台湾・民進党、誕生から政権獲得まで』（藤原書店、2000年）などがあり、専門書の若林正丈『台湾 分裂国家と民主化』（東京大学出版会、1992年）は距離をとった分析となっている。「本土化」については、専門的だが、若林正丈『台湾の政治——中華民国台湾化の戦後史』（東京大学出版会、2008年）、菅野敦志『台湾の国家と文化——「脱日本化」・「中国化」・「本土化」』（勁草書房、2011年）など。

［台中関係・台日関係］

台中関係については、中川昌郎『中国と台湾——統一交渉か、実務交流か』（中公新書、1998年）、岡田充『中国と台湾——対立と共存の両岸関係』（講談社現代新書、2003年）がある。戦後中国大陸へ渡り、プロレタリア文化大革命で辛酸をなめた台湾人の記録に、楊威理『豚と対話ができたころ——文革から天安門事件へ』（岩波同時代ライブラリー、1994年）がある。同じく中国へ渡って活躍した台湾人については、本田善彦『日・中・台 視えざる絆——中国首脳通訳のみた外交秘録』（日本経済新聞社、2006年）。戦後の台日関係については、専門的だが、川島真・清水麗・松田康博・楊永明『日台関係史 1945-2008』（東京大学出版会、2009年）がある。尖閣諸島をめぐる問題については、本田善彦『台湾と尖閣ナショナリ

ついては、若林正丈『蔣経国と李登輝——「大陸国家」からの離陸？』（岩波書店、1997年）や本田『台湾総統列伝』が読みやすい。国民党とともに台湾へ渡った外省人については、龍應台『台湾海峡一九四九』（天野健太郎訳、白水社、2012年）があり、外省人の自伝には、齊邦媛『巨流河』（池上貞子・神谷まり子訳、作品社、2011年）、聶華苓『三生三世』（島田順子訳、藤原書店、2008年）がある。

金門島については、川島真『中国のフロンティア——揺れ動く境界から考える』（岩波新書、2017年）が触れており、また金門を舞台にした小説に、船戸与一『金門島流離譚』（毎日新聞社、2004年。新潮文庫、2007年）がある。

［二・二八事件・白色テロ］

二・二八事件については、何義麟『台湾現代史』（前掲）に詳しい。ほかに、阮《げん》美《み》姝《す》『台湾二二八の真実——消えた父を探して』（まどか出版、2006年）や阮美姝原作・監修、張瑞延画『漫画台湾二二八事件』（まどか出版、2006年）がある。台南で犠牲となった湯徳章については、門田隆将『汝、ふたつの故国に殉ず——台湾で「英雄」となったある日本人の物語』（角川書店、2016年）に詳しい。

国民党政府による白色テロについては、楊威理による親友の伝記、『ある台湾知識人の悲劇——中国と日本のはざまで 葉盛吉伝』（岩波同時代ライブラリー、1993年）や、蔡徳本の自伝的記録『台湾のいもっ子——日本語で書かれた戦後台湾本省人の隠された悲劇』（集英社、1994年）に描かれている。台南一中で王育徳と同級だった葉盛吉の伝記、『ある台湾知識人の悲劇』は、戦争末期の日本で台湾人青年がどのように生きたかの記録でもある。緑島の監獄生活については、鍾謙順『台湾難友に祈る——ある政治犯の叫び』（黄昭堂訳、日中出版、1987年）、柯旗化『台湾監獄島——繁栄の裏に隠された素顔』（イースト・プレス、1992年）で触れられている。

二・二八事件や白色テロの時代を描いた、侯孝賢監督の『悲情城市』（1989年）は台湾映画を代表する傑作だが、映画と関わるドキュメンタリー文学に、藍博洲『幌馬車の歌』（間ふさ子ほか訳、草風館、2006年）がある。映画の背景を探ることで、白色テロの時代を描いた記録に、田村志津枝『悲情城市の人びと——台湾と日本のうた』（晶文社、1992年）がある。

『トオサンの桜――散りゆく台湾の中の日本』（小学館、2007年）、酒井充子『台湾人生――かつて日本人だった人たちを訪ねて』（文藝春秋、2010年。光文社知恵の森文庫、2018年）などがある。

女性史については、台湾女性史入門編纂委員会『台湾女性史入門』（人文書院、2008年）があり、日本統治期については専門的だが、竹中信子『植民地台湾の日本女性生活史』（明治篇／大正篇／昭和篇上下、田畑書店、1995-2001年）、洪郁如『近代台湾女性史――日本の植民統治と「新女性」の誕生』（勁草書房、2001年）がある。女性の職業については、蔡蕙頻『働き女子＠台湾――日本統治期の水脈』（日野みどり訳、凱風社、2016年）がある。

台湾人の戦場体験については、高山輝男『「天皇の赤子」たちは、いま』（アス出版、1985年）、磯村生得『われに帰る祖国なく』（時事通信社、1981年）以外に、陳千武の自伝的な小説、『猟女犯――元台湾特別志願兵の追想』（保坂登志子訳、洛西書院、2000年）や『台湾人元日本兵の手記――小説集「生きて帰る」』（丸川哲史訳、明石書店、2008年）も過酷な戦場体験にもとづく。戦中に高座海軍工廠で働いた台湾少年工については、劉嘉雨『僕たちが零戦をつくった――台湾少年工の手記』（潮書房光人新社、2018年）、保坂治男『台湾少年工 望郷のハンマー――子ども・市民と学ぶこの町の「戦争」と「平和」』（ゆい書房、1993年）など。台湾人と日本人の間の摩擦や軋轢については、基隆中学の卒業生にインタビューして書かれた、田村志津枝『台湾人と日本人――基隆中学「Fマン」事件』（晶文社、1996年）を一読されたい。

第6章　抑圧と抵抗――国民党の独裁と独立・民主化運動

［国民党統治期の台湾］

台湾概説でもある、若林正丈『台湾――変容し躊躇するアイデンティティ』（ちくま新書、2001年）、中華民国歴代総統を通して描いた、本田善彦『台湾総統列伝――米中関係の裏面史』（中公新書ラクレ、2004年）、何義麟『台湾現代史――二・二八事件をめぐる歴史の再記憶』（平凡社、2014年）などがある。

蔣介石については、保阪正康『蔣介石』（文春新書、1999年）が読みやすく、やや専門的だが、野村浩一『蔣介石と毛沢東――世界戦争のなかの革命』（岩波書店、1997年）もある。息子の蔣経国に版、2009年、原著は1989年）、斎藤充功『日台の架け橋・百年ダムを造った男』（時事通信出版局、2009年、原著は1997年）、胎中千鶴『植民地台湾を語るということ――八田與一の「物語」を読み解く』（風響社、2007年）などがある。

［日本統治期の跡を歩く］

台湾に今も残る痕跡については、片倉佳史『台湾――日本統治時代の歴史遺産を歩く』（戎光祥出版、2004年）、同『観光コースでない台湾――歩いて見る歴史と風土』（高文研、2005年）、同『台湾に生きている「日本」』（祥伝社新書、2009年）がある。台北の街を歩くなら、やや古くなったが、又吉盛清『台湾　近い昔の旅　台北編――植民地時代をガイドする』（凱風社、1996年）がよいガイドとなってくれる。台湾刊行の書籍の翻訳、『台北歴史地図散歩』（森田健嗣監訳、台湾中央研究院デジタル文化センター訳、ホビージャパン、2019年）もある。台北に残る日本統治期の建築を見て歩くなら、片倉佳史『台北・歴史建築探訪――日本が遺した建築遺産を歩く』（ウェッジ、2019年）が文句なしの一冊。

台湾を鉄道で旅する友には、徳田耕一『台湾の鉄道』（JTBキャンブックス、1996年）、片倉佳史『台湾鉄路と日本人――線路に刻まれた日本の軌跡』（交通新聞社新書、2010年）、同『台湾鉄道の旅』（JTBキャンブックス、2011年）などがある。宮脇俊三『台湾鉄路千公里』（角川文庫、1985年、原著は1980年）を読むと1980年ごろの台湾社会の空気を知ることもできる。

日本統治期の学校生活を知るには、鄭麗玲『躍動する青春――日本統治下台湾の学生生活』（河本尚枝訳、創元社、2017年）。日本語教育については、村上政彦『「君が代少年」を探して――台湾人と日本語教育』（平凡社新書、2002年）、陳虹彣『日本統治下の教科書と台湾の子どもたち』（風響社ブックレット、2019年）がある。

［日本統治期を生きた人々］

台湾人の人生については、先に挙げた自伝や回想以外に、インタビューをもとに書かれた、大谷渡の3冊、『台湾と日本――激動の時代を生きた人びと』（東方出版、2008年）、『看護婦たちの南方戦線――帝国の落日を背負って』（同、2011年）、『台湾の戦後日本――敗戦を越えて生きた人びと』（同、2015年）や、平野久美子

第5章　日本による植民地統治——民族間の壁と共存

［日本による台湾統治］

概要については、**黄昭堂『台湾総督府』**（教育社歴史新書、1981年。ちくま学芸文庫、2019年）が手頃。写真などを見つつ振り返るなら、**片倉佳史『古写真が語る台湾——日本統治時代の50年　1895-1945』**（祥伝社、2015年）、**乃南アサ『ビジュアル年表——台湾統治五十年』**（講談社、2016年）がある。世相を知るには、**陳柔縉『日本統治時代の台湾』**（天野健太郎訳、PHP研究所、2014年）。

日清戦争については、**藤村道生『日清戦争——東アジア近代史の転換点』**（岩波新書、1973年）、**大谷正『日清戦争——近代日本初の対外戦争の実像』**（中公新書、2014年）が読みやすい。日清戦争に先立つ1874年の「台湾出兵」については、**毛利敏彦『台湾出兵——大日本帝国の開幕劇』**（中公新書、1996年）があり、台湾出兵のきっかけとなった1871年の「牡丹社事件」と140年後の和解については、**平野久美子『牡丹社事件 マブイの行方——日本と台湾、それぞれの和解』**（集広舎、2019年）がある。

日本軍による占領と台湾人による抵抗については、占領直後を描いた、**喜安幸夫『台湾島抗日秘史——日清・日露戦間の隠された動乱』**（原書房、1979年）、「西来庵事件」など抗日蜂起については、同じく**喜安『台湾統治秘史——霧社事件に至る抗日の全貌』**（原書房、1981年）が読みやすい。

［台湾と関わった日本人］

後藤新平については、**北岡伸一『後藤新平——外交とヴィジョン』**（中公新書、1988年）など数多くの書籍がある。読みやすい伝記として、**杉森久英『大風呂敷』**（毎日新聞社、1965年。集英社文庫、1989年）があり、**星新一『明治の人物誌』**（新潮文庫、1998年）は簡にして要を得た伝記を収める。

台湾製糖の土木技師だった鳥居信平については、**平野久美子『水の奇跡を呼んだ男——日本初の環境型ダムを台湾につくった鳥居信平』**（産経新聞出版、2009年）がある。烏山頭ダムを含む大規模水利施設「嘉南大圳」を作った八田與一については、**古川勝三『台湾を愛した日本人——土木技師 八田與一の生涯』**（改訂版、創風社出

——扶鸞信仰と華人社会』（大修館書店、2003年）、**可児弘明『民衆道教の周辺』**（風響社、2004年）などがある。中国の民間宗教の歴史については、**吉岡義豊『アジア仏教史・中国編Ⅲ　現代中国の諸宗教——民衆宗教の系譜』**（佼成出版社、1974年）があり、台南の廟も訪問している。現代台湾の幽冥観については、**伊藤龍平・謝佳静『現代台湾鬼譚——海を渡った「学校の怪談」』**（青弓社、2012年）が抜群に面白い。

［台湾の食］

台湾の食については、**辛永清『安閑園の食卓——私の台南物語』**（文藝春秋、1986年。集英社文庫、2010年）を薦めたい。日常的な食べ物の紹介としては、**平野久美子『台湾 好吃大全』**（新潮社、2005年）、**光瀬憲子『台湾グルメ350品！——食べ歩き事典』**（双葉文庫、2017年）があり、後者は一覧として便利。台湾は亜熱帯・熱帯の植生で、品種改良の進んだ南国の果物は格別に美味しい。台湾に限定した本ではないが、熱帯の植物やフルーツについては、**小林英治『熱帯植物散策』**（東京書籍、1993年）が楽しく読める。

［台南］

台南を知るには、台南で生まれ育った、台湾人・日本人の書籍を薦めたい。**辛永清『安閑園の食卓』**（前掲）、**新垣宏一『華麗島歳月』**（張良澤編、台北：前衛出版社、2002年）、**國分直一『遠い空——國分直一、人と学問』**（安渓遊地・平川敬治編、海鳥社、2006年）、**王育徳『「昭和」を生きた台湾青年』**（草思社、2011年）、**今林作夫『鳳凰木の花散りぬ』**（海鳥社、2011年）は、いずれも戦前の台南の空気や匂いを伝えてくれる。

台南は台湾でも有数の観光地で、近年日本でも観光用書籍が続々刊行されている。**ヤマサキタツヤ『オモロイ台南——台湾の古都でしこたま食ってきました』**（KADOKAWA／エンターブレイン、2014年）、**一青妙・仙波理『わたしの台南——「ほんとうの台湾」に出会う旅』**（新潮社、2014年）、**川島小鳥『愛の台南』**（講談社、2017年）など。

高木桂蔵『客家——中国の内なる異邦人』（講談社現代新書、1991年）、林浩著、藤村久雄訳『アジアの世紀の鍵を握る 客家の原像——その源流・文化・人物』（中公新書、1996年）。広東省東部沿岸の潮州から来た人々については、専門的だが、志賀市子編『潮州人——華人移民のエスニシティと文化をめぐる歴史人類学』（風響社、2018年）がある。

［道教と廟］

廟めぐりのハンドブックとしては、野口鐵郎・田中文雄編『道教の神々と祭り』（あじあブックス、大修館書店、2004年）を挙げたい。道教の神々については、窪徳忠『道教の神々』（平河出版社、1986年。講談社学術文庫、1996年）、二階堂善弘『中国の神さま——神仙人気者列伝』（平凡社新書、2002年）が読みやすい。

台南の廟については、前嶋信次『〈華麗島〉台湾からの眺望』（前嶋信次著作選第3巻、杉田英明編、平凡社東洋文庫、2000年）所収の「台南の古廟」などの論考や、國分直一『壺を祀る村』（東都書籍、1944年。のち法政大学出版局、1981年）に収められた「洋楼と廟」などがある。近年では、台南の廟を掌のごとく知る、都通憲三朗「台南の医薬神廟について」（『佛教経済研究』第42号、2013年5月）など、一連の論文をご覧いただきたい。

［道教の儀式・祭り］

台湾の道教やシャーマニズムについては、専門的だが、劉枝萬『台湾の道教と民間信仰』（風響社、1994年）がある。台南の道教儀礼については、松本浩一『中国の呪術』（あじあブックス、大修館書店、2001年）、浅野春二『飛翔天界——道士の技法』（シリーズ道教の世界、春秋社、2003年）が読みやすい。廟を中心とする都市形成については、郭中端・堀込憲二『中国人の街づくり』（相模書房、1980年）がお薦めである。本書には媽祖廟の信者による巡礼、「進香」について記述があるが、台中市大甲の鎮瀾宮から嘉義県新港の配天宮への、台湾最大規模の進香については、四方田犬彦『台湾の歓び』（岩波書店、2015年）に著者の体験が記録されている。

神降ろしの一種である「童乩（タンキー）」については、加藤敬『童乩——台湾のシャーマニズム』（平河出版社、1990年）がある。華人社会の民間信仰については、志賀市子『中国のこっくりさん

1959年。新装版、1986年)、奈良修一『鄭成功――南海を支配した一族』(山川出版社、2016年)がある。鄭氏政権については、林田芳雄『鄭氏台湾史――鄭成功三代の興亡実紀』(汲古書院、2004年)がある。鄭成功を主人公とした小説は数多くある、陳舜臣『鄭成功――旋風に告げよ』(中公文庫、1999年。原著は1977年)、荒俣宏『海覇王』(角川文庫、1993年。原著は1989年)、白石一郎『怒濤のごとく』(文春文庫、2001年。原著は1998年)など。

［佐藤春夫と新垣宏一］

佐藤春夫「女誡扇綺譚」は、『怪奇探偵小説名作選4　佐藤春夫集――夢を築く人々』(日下三蔵編、ちくま文庫、2002年)などで、新垣宏一の小説は、『日本統治期台湾文学集成6　台湾純文学集二』(星名宏修編、緑蔭書房、2002年)などで読める。

第４章　古都台南に残る伝統と信仰――清朝文化の堆積

［清朝］

清朝や満洲族については、宮崎市定『清帝国の繁栄』(中国文明の歴史９、中公文庫、2000年、原著は1967年)、岡田英弘・神田信夫『紫禁城の栄光――明・清全史』(講談社学術文庫、2006年、原著は1968年)など。清朝統治下の台湾を知るには、清朝役人の記録、陳盛韶『問俗録――福建・台湾の民俗と社会』(小島晋治・上田信・栗原純訳、平凡社東洋文庫、1988年)がある。

［華僑・華人］

華僑や華人の歴史ついては、斯波義信『華僑』(岩波新書、1995年)、その広がりについては、游仲勲『華僑――ネットワークする経済民族』(講談社現代新書、1990年)、可児弘明・游仲勲『華僑華人――ボーダレスの世紀へ』(東方書店、1995年)、山下清海『チャイナタウン――世界に広がる華人ネットワーク』(丸善ブックス、2000年)などがある。

［客家人・潮州人］

客家人については、飯島典子・河合洋尚ほか『客家――歴史・文化・イメージ』(現代書館、2019年)がある。手頃な新書としては、

15世紀以降の東西交渉については、**加藤祐三・川北稔『世界の歴史25　アジアと欧米世界』**（中公文庫、2010年。原著は1998年）、オランダと中国の交流史には、**レオナルド・ブリュッセイ『竜とみつばち——中国海域のオランダ人400年史』**（深見純生ほか訳、晃洋書房、2008年）がある。

オランダの台湾統治については、**林田芳雄『蘭領台湾史——オランダ治下38年の実情』**（汲古書院、2011年）がある。オランダ統治の史料としては、**村上直次郎訳注・中村孝志校注『バタヴィア城日誌』全３巻**（平凡社東洋文庫、1970-75年）、**フレデリク・コイエット「閑却されたるフォルモサ」**（『大航海時代叢書第Ⅱ期11　オランダ東インド会社と東南アジア』生田滋訳、岩波書店、1988年）。

［葉石濤の文学］

葉石濤の小説には翻訳がある、**『シラヤ族の末裔・潘銀花——葉石濤短篇集』**（台湾郷土文学選集Ⅳ、中島利郎訳、研文出版、2014年）。台湾文学史の根幹を作った記念碑的な『台湾文学史綱』も、**『台湾文学史』**（中島利郎・澤井律之訳、研文出版、2000年）として訳されている。

第３章　台湾海峡を渡って——港町安平の盛衰と鄭成功

［海と中国］

中国の海賊や海商などについては、**松浦章『中国の海賊』**（東方書店、1995年）、同**『中国の海商と海賊』**（山川出版社、2003年）、**上田信『シナ海域——蜃気楼王国の興亡』**（講談社、2013年）がある。小説では**陳舜臣**の**『戦国海商伝』**（講談社文庫、1992年）がある。海賊や海商を含む、近世中国と海との関わり、東西交渉史については、**上田信『中国の歴史09　海と帝国』**（講談社、2005年）がある。

16・17世紀の「倭寇」には、中国の海賊や海商も含まれていた。倭寇については、**田中健夫『倭寇——海の歴史』**（教育社歴史新書、1982年。講談社学術文庫、2012年）が読みやすい。

［鄭氏政権］

鄭成功については、**石原道博『国姓爺』**（人物叢書、吉川弘文館、

目』（下村作次郎訳、同）、『大海に生きる夢』（下村訳、同、2017年）などがある。

第2章　平地先住民族の失われた声――平埔族とオランダ統治

［平埔族］

平埔族については日本語で読める文献が少ない。天理大学附属天理参考館編『台湾平埔族、生活文化の記憶』（天理大学出版部、2012年）、陳玉苹ほか著、石文誠・曽婉琳編『看見平埔――台湾平埔族群歴史与文化特展専刊（平埔を見つめる――台湾平埔族の歴史と文化）』（台南・国立台湾歴史博物館、2013年、中日両語併記）がある程度である。

台南周辺のシラヤ族については、國分直一の戦前の著作『壺を祀る村――南方台湾民俗考』（台北：東都書籍、1944年）が古典である。サオ族については、坂野徳隆『台湾 日月潭に消えた故郷――流浪の民サオと日本』（ウェッジ、2011年）があり、クヴァラン族については、専門的だが、清水純『クヴァラン族――変わりゆく台湾平地の人々』（アカデミア出版会、1992年）がある。

［南部の小さな町と台湾の温泉］

シラヤ族が居住していた、台湾南部の小さな町については、片倉佳史『片倉佳史の台湾新幹線で行く台湾・高雄の旅――台湾中・南部ディープガイド』（まどか出版、2007年）が恰好のガイド。

台湾の温泉めぐりには、高田京子『台湾温泉天国――はじめての完全ガイド』（新潮 OH! 文庫、2002年）、鈴木浩大『湯けむり台湾紀行――名湯・秘湯ガイド』（まどか出版、2007年）が便利。

［オランダと台湾］

大航海時代のアジアの海や蘭英仏の東インド会社については、羽田正『興亡の世界史15　東インド会社とアジアの海』（講談社学術文庫、2017年。原著は2007年）が読みやすい。オランダ東インド会社については、永積昭『オランダ東インド会社』（講談社学術文庫、2000年。原著は1971年）、平戸オランダ商館については、萩原博文『平戸オランダ商館――復元された日本最古の洋風建築』（改訂版、長崎新聞新書、2012年。原著は2003年）などがある。

『霧社事件――台湾先住民、日本軍への魂の闘い』（江淑秀・柳本通彦訳、現代書館、1993年）は迫真のできばえ。小説には、坂口䙥子『霧社』（コルベ出版社、1978年）、稲垣真美『セイダッカ・ダヤの叛乱（霧社事件）』（講談社、1975年）、西村望『もう日は暮れた』（立風書房、1984年。徳間文庫、1989年）など。事件の後を生きた人々については、中村ふじゑ『オビンの伝言――タイヤルの森をゆるがせた台湾・霧社事件』（梨の木舎、2000年）、柳本通彦『台湾・霧社に生きる』（現代書館、1996年）に証言が記されている。

［高砂義勇隊］

関係者へのインタビューにもとづく、林えいだい編著『証言 台湾高砂義勇隊』（草風館、1998年）や、菊池一隆『日本軍ゲリラ――台湾高砂義勇隊』（平凡社新書、2018年）がある。高砂義勇隊を含む、台湾人兵士・軍属については、加藤邦彦『一視同仁の果て――台湾人元軍属の境遇』（勁草書房、1979年）、林えいだい『台湾の大和魂』（東方出版、2000年）。

太平洋戦争との関わりについては、柳本通彦『台湾先住民・山の女たちの「聖戦」』（現代書館、2000年）、同『台湾・タロコ峡谷の閃光――とある先住民夫婦の太平洋戦争』（現代書館、2001年）に証言が記録されている。戦後三十年を経て帰国した、高砂義勇隊の中村輝夫については、佐藤愛子『スニヨンの一生』（文藝春秋、1984年。文春文庫、1987年）、河崎真澄『還ってきた台湾人日本兵』（文春新書、2003年）がある。

［先住民族の戦後と文学］

先住民族の戦後については、下山操子『故国はるか――台湾霧社に残された日本人』（柳本通彦編訳、草風館、1999年）、インタビューにもとづく、菊池一隆『台湾原住民オーラルヒストリー――北部タイヤル族和夫さんと日本人妻緑さん』（集広舎、2017年）がある。

先住民族文学の翻訳には、呉錦発編著『悲情の山地――台湾原住民小説選』（下村作次郎監訳、田畑書店、1992年）を先駆として、下村作次郎ほか編訳『台湾原住民文学選』全10巻（草風館、2002-9年）がある。タオ族出身の作家、シャマン・ラポガンの翻訳には、『台湾原住民文学選2　故郷に生きる』所収の「黒い胸びれ」（魚住悦子訳）以外に、『冷海深情』（魚住訳、草風館、2014年）、『空の日本統治期の人類学者による先住民族調査については、**山路勝彦『近代日本の海外学術調査』**（日本史リブレット、山川出版社、2006年）、**柳本通彦『明治の冒険科学者たち――新天地・台湾にかけた夢』**（新潮新書、2005年）が手頃。先住民族の総合的な研究案内には、**日本順益台湾原住民研究会編『台湾原住民研究への招待』**（風響社、1998年）がある。

［先住民族］

日本統治期の先住民族について、写真で振り返るなら、**林えいだい編『台湾植民地統治史――山地原住民と霧社事件・高砂義勇隊』**（梓書院、1995年）がある。1970年代のレポートとしては、**鈴木明『高砂族に捧げる』**（中公文庫、1980年）。**蘭嶼**のタオ族（旧称ヤミ族）については、専門的な研究以外は少なく、**外山卯三郎『ヤミ族の原始芸術――その芸術学的研究』**（造形美術協会出版局、1970年。増補改訂版、1979年）くらいしかない。**岸本葉子『微熱の島　台湾』**（凱風社、1989年。朝日文庫、1996年）には80年代半ばの蘭嶼が、**管啓次郎『ハワイ、蘭嶼――旅の手帖』**（左右社、2014年）には2010年代の蘭嶼が描かれている。

［霧社事件］

関係者の貴重な証言に、**アウイヘッパハ『証言 霧社事件――台湾山地人の抗日蜂起』**（許介鱗編、草風館、1985年）、**ピホワリス『霧社緋桜の狂い咲き――虐殺事件生き残りの証言』**（加藤実編訳、教文館、1988年）、**林えいだい編『霧社の反乱・民衆側の証言――台湾秘話』**（新評論、2002年）がある。

霧社事件の全容については、**中川浩一・和歌森民男編著『霧社事件――台湾高砂族の蜂起』**（三省堂、1980年）、**鄧相揚**の三部作、**『抗日霧社事件の歴史――日本人の大量殺害はなぜ、おこったか』**（下村作次郎・魚住悦子訳、日本機関紙出版センター、2000年）、**『植民地台湾の原住民と日本人警察官の家族たち』**（下村監修・魚住訳、同、2000年）、**『抗日霧社事件をめぐる人々――翻弄された台湾原住民の戦前・戦後』**（下村監修・魚住訳、同、2001年）などがある。事件の総合的な研究には、**戴國煇編著『台湾霧社蜂起事件――研究と資料』**（社会思想社、1981年）がある。

事件の概要を知る上で漫画や小説が参考になる。**邱若竜**の漫画台湾を経験した日本人の回想には、**新垣宏一『華麗島歳月』**（1913年生まれ、張良澤編、台北：前衛出版社、2002年）、**竹中りつ子『わが青春の台湾――女の戦中戦後史』**（1920年生まれ、図書出版社、1983年）、**今林作夫『鳳凰木の花散りぬ――なつかしき故郷、台湾、古都台南』**（1923年生まれ、海鳥社、2011年）などがある。竹中りつ子『わが青春の台湾』は台湾を知る一冊としても薦めたい。

［台湾を歩くガイド］

主要都市については、**後藤治監修、王惠君・二村悟著『図説 台湾都市物語』**（河出書房新社、2010年）がある。台湾の伝統的な街づくりについては、**郭中端・堀込憲二『中国人の街づくり』**（相模書房、1980年）が面白い。各地を歩くガイドとしては、**平野久美子編著『ユネスコ番外地 台湾世界遺産級案内』**（中央公論新社、2017年）、**片倉真理著・片倉佳史写真『台湾探見 Discover Taiwan――ちょっぴりディープに台湾体験』**（ウェッジ、2018年）、**片倉佳史・片倉真理『台湾 旅人地図帳――台湾在住作家が手がけた究極の散策ガイド』**（ウェッジ、2019年）を薦めたい。

第1章　離島と山岳地帯――台湾の先住民族

［日本人による先住民族研究］

台湾の先住民族については、民族学者の回想、**宮本延人『台湾の原住民族――回想・私の民族学調査』**（六興出版、1985年）、**宮本延人・瀬川孝吉・馬淵東一『台湾の民族と文化』**（六興出版、1987年）が読みやすい。**鳥居龍蔵『ある老学徒の手記――考古学とともに六十年』**（朝日新聞社、1953年。岩波文庫、2013年）にも台湾調査について記した一章がある。

鹿野忠雄の書籍で手に入りやすいものに、台湾の山岳や先住民族に関する紀行文**『山と雲と蕃人と――台湾高山紀行』**（文遊社、2002年）がある。鹿野の人生については、**山崎柄根『鹿野忠雄――台湾に魅せられたナチュラリスト』**（平凡社、1992年）がすばらしい。**國分直一**の戦前の著作は、**『壺を祀る村――南方台湾民俗考』**（台北：東都書籍、1944年。戦後『壺を祀る村―台湾民俗誌』法政大学出版局、1981年として再刊）に収められているが、漏れが多く、当時の雑誌や新聞で読むしかない。

願い』（1915年生まれ、勁草書房、1989年）、楊基銓『台湾に生を享けて』（1918年生まれ、日本評論社、1999年）、史明『100歳の台湾人革命家・史明 自伝』（1918年生まれ、講談社、2018年）、呉火獅『台湾の獅子』（1919年生まれ、講談社、1992年）、高山輝男『「天皇の赤子」たちは、いま』（1920年生まれ、アス出版、1985年）、磯村生得『われに帰る祖国なく――或る台湾人軍属の記録』（1921年生まれ、時事通信社、1981年）、楊千鶴『人生のプリズム』（1921年生まれ、そうぶん社出版、1993年）、呉月娥『ある台湾人女性の自分史』（1921年生まれ、芙蓉書房出版、1999年）、柯徳三『母国は日本、祖国は台湾――或る日本語族台湾人の告白』（1922年生まれ、桜の花出版、2005年）、呉修竹『在日台湾人の戦後史――呉修竹回想録』（1922年生まれ、何義麟編、彩流社、2018年）、王育徳『「昭和」を生きた台湾青年――日本に亡命した台湾独立運動者の回想』（1924年生まれ、草思社、2011年）、邱永漢『わが青春の台湾 わが青春の香港』（1924年生まれ、中央公論社、1994年）、齊邦媛『巨流河』（1924年生まれ、池上貞子・神谷まり子訳、作品社、2011年）、聶華苓『三生三世――中国・台湾・アメリカに生きて』（1925年生まれ、島田順子訳、藤原書店、2008年）、孤蓬万里『孤蓬万里半世紀』（1926年生まれ、集英社、1997年）、蔡焜燦『台湾人と日本精神（リップンチェンシン）――日本人よ胸を張りなさい』（1927年生まれ、小学館文庫、2001年。原著は2000年）、張榮發『張榮發自伝』（1927年生まれ、中央公論社、1999年）、林景明『日本統治下台湾の「皇民化」教育――私は十五歳で「学徒兵」となった』（1929年生まれ、高文研、1997年）、柯旗化『台湾監獄島――繁栄の裏に隠された素顔』（1929年生まれ、イースト・プレス、1992年）、黄昭堂『台湾独立建国運動の指導者 黄昭堂』（1932年生まれ、宗像隆幸・趙天徳編訳、自由社、2013年）、張超英口述『国際広報官 張超英――台北・宮前町九十番地を出て』（1933年生まれ、陳柔縉執筆、坂井臣之助監訳、まどか出版、2008年）、羅福全『台湾と日本のはざまを生きて――世界人、羅福全の回想』（1935年生まれ、陳柔縉編著、小金丸貴志訳、藤原書店、2016年）など。

最初に読む一冊としては、本書でもたびたび引用した、王育徳『「昭和」を生きた台湾青年』を薦めたい。太平洋戦争を体験した、磯村生得『われに帰る祖国なく』、職業婦人として生きた、楊千鶴『人生のプリズム』も貴重である。

1998年８月号（大修館書店）の特集「台湾文化読本」が参考になる。日本統治期の文学については、**中島利郎編著『日本統治期台湾文学小事典』**（緑蔭書房、2005年）が必携。

台湾に関する項目を比較的多く収録する事典としては、中国現代史の角度からの**『岩波現代中国事典』**（天児慧ほか編、岩波書店、1999年）、華僑・華人研究の角度からの**『華僑・華人事典』**（可児弘明・斯波義信・游仲勲編、弘文堂、2002年）、現代アジア研究の角度からの**『現代アジア事典』**（長谷川啓之監修、文眞堂、2009年）があり、相互に補いつつ利用できる。

［歴史］

定番は、**伊藤潔『台湾——四百年の歴史と展望』**（中公新書、1993年）、台湾生まれの著者による、台湾を主体とした歴史を記す意図の込められた、記念碑的な一冊である。台湾刊行の歴史書の邦訳に、**周婉窈『図説 台湾の歴史』**（増補版、濱島敦俊監訳、平凡社、2013年）がある。通史としてはほかに、**史明『台湾人四百年史——秘められた植民地解放の一断面』**（音羽書房、1962年。増補改訂版、新泉社、1974年）、**王育徳『台湾——苦悶するその歴史』**（弘文堂、1964年。宗像隆幸による増補版『新しい台湾——独立への歴史と未来図』、同、1990年）、**殷允芃編『台湾の歴史——日台交渉の三百年』**（丸山勝訳、藤原書店、1996年。『発現台湾1620-1945』台北：天下雑誌社、1992年の翻訳）、**喜安幸夫『台湾の歴史——古代から李登輝体制まで』**（原書房、1997年）などがある。

［自伝・回想］

台湾の歴史や文化を知るには、台湾人の自伝や回想録をお薦めしたい。それぞれの立場から書かれており、複数をあわせ読むことが必要である。中国語からの翻訳もあるが、歴史的経緯から、台湾人が日本語で書いた記録を読むことができる。

韓石泉『韓石泉回想録——医師のみた台湾近現代史』（1897年生まれ、韓良俊編注、杉本公子・洪郁如編訳、あるむ、2017年）、**呉濁流「無花果」**（『夜明け前の台湾——植民地からの告発』、1900年生まれ、社会思想社、1972年）、**鍾謙順『台湾難友に祈る——ある政治犯の叫び』**（1914年生まれ、黄昭堂訳、日中出版、1987年）、**張有忠『私の愛する台湾と中国と日本——ある外地人弁護士の歩みと**

付録　読書案内——台湾の歴史と文化を知る

＊日本語で読める文献に限定した。
＊一般の読者を念頭に、専門書・学術書はできるだけ避け、文庫や新書など、手に入りやすい書籍を優先的に挙げた。

台湾関連書全般

［入門書］

総合的な入門書に、**若林正丈・松永正義編『台湾百科』**（第２版、大修館書店、1993年。第１版は1990年）、**笠原政治・植野弘子編『暮らしがわかるアジア読本　台湾』**（河出書房新社、1995年）、**若林正丈編『もっと知りたい台湾』**（第２版、弘文堂、1998年）、**赤松美和子・若松大祐編『台湾を知るための60章』**（明石書店、2016年）などがある。最新は『知るための60章』だが、1990年代に刊行された３冊は、それぞれ特徴や得意分野があり、現在も参照価値を失わない。『台湾百科』は総合的で、『アジア読本』は民族・民俗や暮らしに詳しく、『もっと知りたい』第２版は政治や文化に強い。

単独の著者による入門書として、**戴國煇『台湾——人間・歴史・心性』**（岩波新書、1988年）、**高橋晋一『台湾——美麗島の人と暮らし再発見』**（三修社、1997年）、**若林正丈『台湾——変容し躊躇するアイデンティティ』**（ちくま新書、2001年）、**酒井亨『台湾入門』**（増補改訂版、日中出版、2006年。原著は2001年）、**沼崎一郎『台湾社会の形成と変容——二元・二層構造から多元・多層構造へ』**（東北大学出版会、2014年）、**胎中千鶴『あなたとともに知る台湾——近現代の歴史と社会』**（清水書院、2019年）などがある。**司馬遼太郎『街道をゆく40　台湾紀行』**（朝日文庫、1997年。原著は1994年）は現在も台湾を広く深く知る入り口となる一冊である。

［事典］

台湾だけを対象とした日本語の事典は現在のところないが、**『台湾史小事典』**（第３版、呉密察監修、遠流台湾館編著、横澤泰夫編訳、中国書店、2016年）は年表形式であるものの、索引を使えば歴史・人物事典となる。文化を知る小事典としては、雑誌『しにか』

大東和重（おおひがし・かずしげ）

1973年兵庫県生まれ．早稲田大学第一文学部中国文学専修卒業．東京大学大学院総合文化研究科比較文学比較文化コース博士課程修了．博士（学術）．台湾南台科技大学専任講師，近畿大学准教授を経て，現在関西学院大学法学部・言語コミュニケーション文化研究科教授．専門は日中比較文学，台湾文学．

著書『文学の誕生　藤村から漱石へ』（講談社選書メチエ，2006年）
『郁達夫と大正文学　〈自己表現〉から〈自己実現〉の時代へ』（東京大学出版会，2012年，日本比較文学会賞）
『台南文学　日本統治期台湾・台南の日本人作家群像』（関西学院大学出版会，2015年，島田謹二記念学藝賞）
『台南文学の地層を掘る　日本統治期台湾・台南の台湾人作家群像』（関西学院大学出版会，2019年）
訳書『台湾熱帯文学3　夢と豚と黎明　黄錦樹作品集』（共訳，人文書院，2011年）
『中国現代文学傑作セレクション　1910-40年代のモダン・通俗・戦争』（共編訳，勉誠出版，2018年）

台湾《たいわん》の歴史《れきし》と文化《ぶんか》
中公新書 *2581*

2020年2月25日初版
2022年12月20日3版

著　者　大東和重
発行者　安部順一

本文印刷　三晃印刷
カバー印刷　大熊整美堂
製　本　小泉製本

発行所　中央公論新社
〒100-8152
東京都千代田区大手町1-7-1
電話　販売　03-5299-1730
　　　編集　03-5299-1830
URL https://www.chuko.co.jp/

Published by CHUOKORON-SHINSHA, INC.
Printed in Japan　ISBN978-4-12-102581-4 C1222